MANUEL

DU

PEINTRE AU CAOUTCHOUC.

STRASBOURG, IMPRIMERIE DE G. SILBERMANN.

MANUEL

DU

PEINTRE AU CAOUTCHOUC.

DE LA PEINTURE BRILLANTE

A L'HUILE D'OLIVE OU SANS HUILLE,

AVEC UNE PALETTE TOUJOURS FRAÎCHE.

DE LA PEINTURE MONUMENTALE, MATE,

PLUS FACILE ET MOINS BLAFARDE QUE LA FRESQUE,

PRÉSENTANT PLUS DE RESSOURCES.

DU SICCATIF-CAOUTCHOUC,

REMPLAÇANT L'HUILE GRASSE DANS LA PEINTURE ORDINAIRE.

AVEC UN APPENDICE

INDIQUANT LA MANIÈRE DE FAIRE SOI-MÊME LES PRÉPARATIONS NÉCESSAIRES,

PAR C. A. GAY.

PARIS,

CHEZ MAD. ARTHUS-BERTRAND, RUE HAUTE-FEUILLE, 23,

ET CHEZ LES PRINCIPAUX MARCHANDS DE COULEURS.

STRASBOURG,

CHEZ DERIVAUX, LIBRAIRE, RUE DES HALLEBARDES, 24,

ET CHEZ L'AUTEUR, RUE DE L'AIL, 18.

1851.

MANUEL

DU

PEINTRE AU CAOUTCHOUC.

En pénétrant dans une galerie de tableaux anciens, quel spectateur n'est pas frappé de l'aspect enfumé, sombre et véritablement attristé des peintures qui la composent.

En face de ces noires créations des temps passés où souvent l'œil s'égare à la recherche des contours, et que l'on vous présente comme les chefs-d'œuvre des plus grands maîtres, on a peine à croire que ce soient bien elles qui ont établi ces colossales réputations, devant lesquelles tous s'inclinent encore aujourd'hui. Et l'on se demande (car il faut être déjà un grand artiste pour apprécier à leur mérite les seules qualités qui leur restent), si l'imagination ne fit pas seule les frais de toutes ces richesses et si le prix qu'on y attache n'est pas uniquement relatif à une question d'époque et de rareté.

Plus habile, on y admire la conception, la disposition générale, le groupement, les formes et quelques effets isolés; mais on déplore la couleur, le défaut d'harmonie, et l'on ne s'étonne plus que l'étude de la peinture ait conduit à négliger la couleur au profit du dessin.

Mais combien ne s'afflige-t-on pas lorsque, réellement ami de l'art, on observe que ce matériel, que l'on jugeait tout à l'heure si ingrat, avec lequel on s'étonnait de voir tant de science et de création compromises, est encore, à bien peu de chose près, le même auquel nos contemporains confient leurs œuvres.

Toutes ces imperfections depuis longtemps sont signalées aux artistes dans les écrits de Coullier, d'Agly, de Leist, de Sheldrake, de Williams, etc., ainsi que dans l'ouvrage précieux du savant de Montabert qui, dans son excellent *Traité de la peinture,* retrace vivement tout ce qu'elles ont de déplorable et les discute avec une rare sagacité.

Bien plus, les différentes phases de la peinture à l'huile nous sont assez connues, pour que nous puissions avancer que, de tous les travaux exécutés par cette méthode, il ne restera plus rien dans cent ans d'ici;.... et, malgré ces désolants présages, nous peignons encore à l'huile!....

Qu'est-ce donc en réalité encore aujourd'hui dans ses moyens d'exécution que ce grand art de la peinture, auquel tant de fécondes intelligences, tant d'imaginations brillantes et hardies sacrifient leur laborieuse existence en demandant l'illustration, si ce n'est un leurre pour l'artiste abusé qui, croyant travailler pour tous, attend justice sinon du présent, au moins de l'avenir, et dont les œuvres, trop souvent méconnues par la génération présente, anéanties avant celle qui la suit, ne sont déjà plus là pour demander réparation.

Indépendamment du plaisir qu'elle nous cause, du goût qu'elle épure, et de l'émulation qu'elle fait naître en toutes choses en retraçant les belles actions et traduisant les nobles pensées, la peinture doit avoir un but plus élevé : elle doit servir à l'histoire et, comme elle, instruire et rendre meilleur. Ce but elle ne l'a pas atteint, car elle n'a pas su rendre ses œuvres durables; mais, on doit le dire aussi : elle l'a peu cherché.

Cependant, si la peinture n'a pas jusqu'ici servi à l'histoire autant qu'elle l'aurait dû, cette dernière, la payant de retour, a peu servi à la peinture, et par elle, le plus parfait procédé dont on ait encore fait usage, celui qui nous a légué les restes les plus intacts, est tombé dans l'oubli.

Nous ne savons presque rien, en effet, de cette fameuse peinture à la cire, laborieuse, il est vrai, et délicate dans son emploi, puisqu'elle exigeait le concours du feu, mais si durable et si peu coûteuse, qu'elle servait à vernir la carène des vaisseaux, et que la nouvelle peinture à la cire, la plus rationnelle sans contredit de toutes celles en usage aujourd'hui, paraît encore si loin de pouvoir égaler.

Si la peinture à l'huile doit être absolument rejetée quand il s'agira de conservation et de durée, la peinture à la cire actuelle, arrière-puînée de son incomparable aïeule, laisse encore beaucoup à désirer, non-seulement sous le point de vue de l'exécution, mais encore sous celui de l'effet : la couleur est terne, sans éclat, ses vigueurs sont voilées; du reste, le peu de transparence de son principe matériel, la cire, son peu de tenacité et d'élasticité, lorsqu'elle est déposée à froid, feront toujours qu'employée seule et de cette manière, ses ressources seront bornées.

Il n'est qu'un remède à ces graves défauts, remède insuffisant et qui ne corrige qu'en partie les imperfections de ce matériel.

La *cautérisation* donne à la cire plus de transparence, plus de lien, plus de solidité; médication délicate et juste sujet d'effroi qui déjà ferait par trois fois hésiter, si dans l'état actuel des choses elle n'était pire que le mal.

L'application du feu avilit nos couleurs, détruit leur harmonie et leurs contrastes, et quelques secondes rendent la plupart de temps méconnaissable, à l'artiste qui la lui confie, l'œuvre de plusieurs années de travail.

Le procédé mixte à cire et huile, en réunissant à une plus grande facilité d'exécution une tenacité et une flexibilité plus grandes de la peinture, a malheureusement aussi le défaut de mettre en commun au profit d'un seul genre en même temps que leurs qualités les imperfections de deux genres différents. C'est assez dire qu'on y rencontre les malheureux effets de l'huile sans y éviter tous les défauts de la cire.

Que dirons-nous de la peinture à fresque, ci ce n'est que pour avoir la ressource de couleurs plus durables, avec une palette bornée, elle n'offre pas une résistance matérielle beaucoup plus grande, et que, si l'avantage est précieux, il est malheureusement compensé par de formidables difficultés. D'ailleurs, si les fresques d'Italie, sous un ciel pur et calme, se dégradent assez rapidement, quel ne sera pas avant peu le sort de celles que l'on a exécutées dans nos climats, et ne doit-on pas taxer d'imprudence la conduite de ceux qui confient de considérables dépenses à un si chanceux emploi!

Mais l'indifférence est généralement si grande pour ce qui concerne cette question du matériel, qu'il n'est venu à l'idée de personne de hâter une réforme en la proposant à l'ordre du jour, et que loin de là même à chaque pas on entend la routine, la tête haute et les yeux fermés, affirmer péremptoirement que le matériel à l'huile est excellent *lorsqu'il est bien employé* [1].

Quant à nous, profondément pénétré de l'insuffisance des pro-

1 Nous ne prétendons pas contester ici ce fait, que les peintures de certains artistes sont mieux conservées que celles de la plupart des autres; mais la cause en est simplement que ceux-ci, bien pénétrés de cette vérité que nous proclamons, que les huiles ordinaires sont, par leur nature même, la cause de l'obscurcissement des couleurs, en ont diminué autant que possible la quantité, l'ont remplacée en grande partie par des résines délayées dans une huile essentielle, et ont par ce moyen atténué le funeste résultat qu'ils prévoyaient.

C'est un fait que prouvent suffisamment les analyses chimiques, et que reconnaissent avec tant de sagacité quelques rares restaurateurs, qui savent même apprécier exactement de quelle résine il a été fait usage.

cédés en usage aujourd'hui, et de l'importance de la question, nous nous sommes appliqué depuis tantôt douze ans à rechercher une solution à ce problème, et après différents résultats assez peu fructueux, nous avons rencontré le procédé que nous allons décrire dans cette petite brochure.

Puisse la consécration des siècles apporter son irrécusable complément à des essais qui datent déjà de plusieurs années, et si, vieillard sur le déclin de l'âge, nous réussissons par l'effet de cette publication que nous n'avons su rendre utile qu'aux personnes initiées auparavant aux pratiques manuelles de l'ancienne peinture, à voir adopter cette innovation, à notre avis si importante, ce sera pour nos obscurs travaux la récompense la plus flatteuse et la plus enviée.

Mais avant de passer à la description de ce nouveau procédé, nous devons dire quelques mots des premiers essais dont nous avons obtenu quelque succès et qui, pour n'avoir pas toutes les qualités que nous en attendions, ne laissaient pas que de présenter d'incontestables avantages.

Depuis longtemps la principale cause du mal nous était assez connue pour que dès nos premiers pas nous n'ayons pas cherché à l'éviter. Nous voulons parler des huiles de lin et d'œillette qui, sans contredit et par des raisons que nous examinerons plus loin, sont avec la litharge la cause la plus grave de l'obscurcissement des couleurs.

Il s'agissait donc de trouver pour gluten de celles-ci une substance exempte des mêmes inconvénients et qui, loin d'embarrasser le maniement de la brosse, laissât à l'artiste une telle liberté d'exécution qu'après quelques jours de travail il pût rendre sa pensée sans distraction et sans avoir à s'occuper davantage de sa main.

Notre choix dans l'origine tomba sur l'huile d'olive qui, peu résinifiable, n'arrive pas à l'air à l'état concret et qui en outre a l'avantage de donner à la couleur, avec un éclat extraordinaire, une remarquable transparence. Ce choix n'était pas nouveau, et si jusqu'à ce jour l'huile d'olive n'a point été employée, c'est simplement parce que le moyen n'était pas trouvé d'en obtenir avec une suffisante facilité la dessiccation complète, par des moyens dont l'usage ne pût exercer en même temps une influence fâcheuse sur la peinture.

Sans donner un long détail de toutes nos tentatives pour arriver à ce but, nous dirons seulement qu'en 1839, après quatre années d'essais plus ou moins malheureux et par l'emploi du baume de copahu dans lequel nous faisions dissoudre une onzième partie de litharge, puis que nous étendions convenablement d'huile de pétrole blanche, nous étions parvenu à faire sécher du jour au lendemain les couleurs broyées avec l'huile d'olive.

Nous exécutâmes plusieurs essais d'après cette méthode [1]. Elle était pleine de facilités et de ressources; mais notre étonnement fut grand quand au bout d'un an nous remarquâmes que toute la peinture avait pris une teinte orangée très-prononcée; il fut plus grand encore, lorsque trois ans plus tard nous reconnûmes que cette teinte étrange, qui pourtant n'était pas désagréable à l'œil, ayant complétement disparu, la couleur avait repris toute sa fraîcheur primitive. Néanmoins nous abandonnâmes ce moyen qui était loin d'obvier à tous les inconvénients, et nous n'en parlons ici que pour éviter à d'autres un semblable mécompte.

Peut-être aussi que, guidé par des données chimiques plus positives que celles que nous possédons aujourd'hui, on arriverait à éviter ce curieux phénomène.

Six ans plus tard, nous avions dosé à grand'peine un autre siccatif sans litharge composé de baume de copahu, de copal dur, de cire et d'huile de lin. Sa transparence et sa limpidité étaient grandes, sa dessiccation parfaite; mais la présence de l'huile de lin que tout en blâmant nous avions été obligé d'employer, en proportions mi-

1 L'un de ces tableaux est placé derrière le maitre-autel de l'église gothique de Luxeuil (département de la Haute-Saône).

nimes, nous avait encore fait rejeter ce procédé cependant plus satisfaisant que le premier.

Lorsqu'en 1846 nous découvrîmes que le caoutchouc pur, dissous dans l'essence de térébenthine, possède à un haut degré la puissance de dessécher l'huile d'olive, nous donnâmes tous nos soins à la préparation de ce siccatif qui, avec l'huile d'olive, renferme toutes les qualités requises pour compléter un bon matériel.

En effet, à l'abri de tout reproche à l'endroit de la solidité, sans autres conditions que le choix de matières colorantes solides, il apporte avec lui des qualités précieuses : l'éclat, la transparence, la souplesse, etc.

A cette époque, le témoignage flatteur de l'académie des beaux-arts, de l'Institut de France, les approbations et les encouragements particuliers de MM. Horace Vernet et Chevreul, ses organes, de nombreuses applications exécutées sous les formes les plus décisives par nous-même et par plusieurs artistes, sont venus changer à ce sujet nos espérances en réalités, nos craintes en convictions.

Depuis, nous avons fait encore à ce procédé de notables améliorations, mais l'emploi du caoutchouc nous avait ouvert une voie nouvelle, et l'admirable facilité qu'il donne à la peinture nous suggéra bientôt l'idée d'un genre plus parfait encore que le précédent.

Le succès couronna nos espérances, et peu de temps après, le caoutchouc, que nous n'avions employé jusque-là que comme auxiliaire, nous servit de base dans un procédé où toutes les conditions que l'on peut demander à une méthode se trouvent à la fois réunies et assurées.

Par lui, nous rendons irréprochable la peinture brillante, ou bien à volonté, atteignant le mat le plus parfait et le plus vigoureux, nous reproduisons les effets de la fresque, de la gouache et de l'aquarelle.

C'est donc avec confiance et avec bonheur que nous venons offrir aujourd'hui aux artistes une méthode nouvelle embrassant différents procédés dont chacun est complet dans ses diverses parties; méthode plus agréable et plus facile que l'ancienne, dont en conservant la forme et la pratique, elle diffère si profondément, que la matière colorante seule leur est commune.

DE LA NOUVELLE MÉTHODE ET DE SON CARACTÈRE.

Bien persuadé que nous étions de cette fâcheuse vérité que le sort tout entier et l'avenir d'une innovation dépendent plutôt de la forme sous laquelle elle se produit que de sa valeur intrinsèque, et comprenant d'ailleurs parfaitement que le peintre dont l'imagination continuellement absorbée par son œuvre, accepte avec difficulté tout ce qui vient changer les habitudes de sa main et y rappeler une attention que son sujet exige tout entière, nous devions surtout travailler à conserver à la nouvelle méthode les allures et les habitudes faciles de l'ancienne. Ce but, nous l'avons si heureusement atteint, que malgré la dissemblance la plus complète, ce n'est que par les ressources qu'elles lui apportent que l'artiste habitué à l'ancienne peinture à l'huile s'aperçoit qu'il manie d'autres substances.

Ce que nous venons de dire s'applique également bien aux deux genres de peinture que nous allons décrire. La nouvelle méthode, en effet, comprend deux principaux genres qu'il ne faut point confondre et dont chacun, par différentes modifications, engendre quelques procédés distincts.

Ce sont : 1° La peinture au caoutchouc avec un gluten huileux.

2° La peinture au caoutchouc sans huile.

Dans la première, nous avons réussi à rejeter l'emploi des *huiles siccatives*, auxquelles l'ancienne méthode est redevable de son obscurcissement rapide et de son peu de durée : nous leur avons substitué des *huiles fixes*, et parmi celles-ci nous avons choisi celles que la chimie nous présente comme les plus inaltérables : l'huile d'olive ou son oléine et l'huile d'amandes.

Elles servent de gluten aux couleurs et n'entrent nullement dans la composition du délayant.

Celui-ci est composé au moyen du caoutchouc dissous dans des essences complétement volatiles, rectifiées avec soin et qui ne laissent après elles aucune trace de leur passage.

Cette peinture, immuable comme la peinture à la cire, mais plus brillante, plus séduisante et plus animée qu'elle, facile et agréable comme l'ancienne peinture à l'huile, est en outre plus simple et plus commode que celle-ci : plus simple, car elle ne fait usage indistinctement pour toutes les couleurs que d'un seul délayant, qui vient en outre remplir l'office de vernis final et protecteur; plus commode, car elle présente *l'avantage d'une palette toujours fraîche.*

Que l'on joigne à ces qualités l'extrême facilité des retouches et des restaurations, l'absence des embus sur des préparations non absorbantes et la facilité de les faire disparaître dans tous les cas, l'impossibilité des gerçures, du craquelé, etc.; enfin l'inutilité d'un vernis final quant à l'effet, et l'on comprendra, sans que nous entrions ici dans de plus amples détails, l'importance que nous attachons à l'adoption de ce procédé.

Il est rationnel dans sa pratique, et à en juger par ce que la science nous apprend de l'excellence de ces matériaux, la couleur enveloppée dans les mailles de son élastique et résistant tissu doit y trouver un refuge impénétrable.

D'ailleurs l'expérience, d'accord ici avec la théorie, est venue confirmer de la manière la plus heureuse et la plus complète, dans des essais de toute espèce datant de plusieurs années, ce que d'avance on avait pu présager.

En effet, d'une part l'huile d'olive, que depuis si longtemps on a tenté d'introduire dans la peinture, à cause de sa merveilleuse fixité ; de l'autre, le caoutchouc, cette singulière substance qui ne semble se rattacher à la matière organique que par son origine et sa souplesse et à laquelle on n'a pu constater encore une fin naturelle, tous deux sans action sur la couleur, tous deux concourant à lui communiquer cette flexibilité si précieuse qui la protège dans les mouvements du subjectile, tous deux en égales quantités dans toutes les parties du tableau où ils défient à la fois et les agents atmosphériques et les affinités réciproques des couleurs : telles sont les bases de ce genre de peinture, et les principes auxquels il doit un concours étrange de qualités précieuses dont la plus remarquable est l'*inaltérabilité*.

A côté de ce premier procédé viennent d'elles-mêmes se grouper différentes modifications plus ou moins irréprochables, que l'occasion rend quelquefois utiles ou avantageuses. Ainsi :

1° Le même liquide s'emploie parfaitement dans la peinture ordinaire aux huiles de lin ou d'œillette, où il vient remplacer soit l'huile grasse, soit en même temps l'huile d'œillette et l'huile de lin, sans produire le moindre changement dans le travail. Il y conserve l'harmonie que l'emploi de délayants si dissemblables détruit infailliblement, et comme par le fait l'usage des huiles est considérablement diminué, les causes de l'obscurcissement le sont dans le même rapport.

2° Enfin, modifiant à volonté la nature soit du siccatif, soit du gluten huileux, on parvient, en y introduisant de faibles quantités de cire, de gutta-perka et sans doute d'autres substances, à obtenir le demi-mat de la surface sans nuire sensiblement à l'éclat et à la transparence.

Après cette courte exposition du premier genre de peinture, dont le procédé à l'huile d'olive et au caoutchouc est pour ainsi dire le type, on devrait s'étonner d'en voir paraître un autre, si celui-ci, par un choix plus sévère encore de principes inaltérables, tout en conservant les mêmes qualités, ne venait en offrir d'autres, toutes nouvelles, de manière à former avec le premier, dont il est l'indispensable complément, une méthode générale de peinture appliquable à tous les cas et à tous les genres connus.

La peinture exécutée avec le caoutchouc et les huiles d'olive ou d'amandes, est brillante de sa nature; elle ne pourrait donner le mat que par effort, et courrait alors grand risque de sacrifier à ce résultat quelques autres qualités.

La seconde, celle au caoutchouc sans huile, est mate de sa nature, et si elle devient à volonté brillante comme l'autre, ce n'est que par une disposition différente des mêmes éléments.

En raison de cette particularité, elle permet d'atteindre à tous les effets de la fresque, sans efforts, et avec toutes les ressources de la peinture ordinaire. Elle y comporte l'emploi de toutes les couleurs, et, si l'artiste les choisit solides, elle en assure l'immuabilité la plus parfaite.

Tous les subjectiles en usage lui conviennent également, l'adhérence y est constante.

Sur toile fine non absorbante ou sur papier collé, elle permet d'imiter avec tous leurs effets d'ensemble et de détail, joints à plus de ressources et d'avantages, soit la gouache, en faisant usage de couleurs épaisses et opaques, soit l'aquarelle, en employant des couleurs diaphanes ou amincies.

Enfin, nous avons dit par quel artifice elle offre à volonté les mêmes effets que la peinture à l'huile d'olive, avec les mêmes qualités.

Elle réunit d'ailleurs une plus grande simplicité, non pas dans le travail, ce qui n'est pas possible, mais dans la substance : du caoutchouc *pur* dans le siccatif avec des essences pures et complétement volatiles; des essences semblables dans la couleur, mais qui, plus lentes à s'évaporer, la laissent fraîche pendant très-longtemps, en un mot, un matériel complet qui se résume après son application en couleur seule enveloppée dans un élastique réseau de caoutchouc.

Telle est cette méthode, tel est son caractère; et, si nous proclamons ici sa supériorité, si c'est elle que nous considérons comme le plus précieux appui de la réforme que nous venons proposer, c'est qu'après des essais de tous genres que le plus heureux succès est venu couronner, cette simplicité si grande, ce prestige étonnant qui se rattache à l'emploi du caoutchouc, toutes les fois qu'il s'agit de préservation et de durée, sont de nature à défier tous les doutes à l'endroit même de ce que le temps seul a mission de justifier.

I.

DE LA PEINTURE AU CAOUTCHOUC

ET A L'HUILE D'OLIVE.

Sans empiéter sur les détails que nous donnerons plus loin des avantages qu'offre ce procédé, nous allons décrire aussi succinctement et aussi clairement que possible les différentes phases de son emploi, et ne pouvant prétendre initier ici à la pratique de l'art un adepte à ses premiers pas, nous supposerons notre lecteur au courant de l'ancien procédé.

Retraçons toutefois en deux mots ce qui constitue la partie matérielle de l'un et de l'autre.

Dans l'ancienne peinture à l'huile on délaie sur la palette, à l'aide de deux huiles différentes, l'huile grasse et l'huile d'œillette, les couleurs broyées d'avance dans une certaine quantité de la dernière.

Dans la nouvelle, on délaie, à l'aide d'une dissolution de caoutchouc, les couleurs broyées d'avance dans l'huile d'olive.

DU BROYAGE DES COULEURS.

En peinture on entend par *gluten* la substance qui sert à broyer les couleurs.

Un gluten, pour être irréprochable, doit avant tout posséder une inaltérabilité certaine, une fluidité suffisante, peu de coloration, et conserver toujours le pouvoir de retenir solidement les substances colorantes qu'on lui confie.

Comme nous le verrons par la suite, l'huile de pavot ou d'œillette constituait à ce point de vue un fort mauvais gluten.

Celui que nous avons adopté est l'oléine d'huile d'olive, la moins altérable de cette classe de substances que les chimistes ont appelées *huiles fixes*, par opposition à celle qui renferme les huiles si oxydables de pavot, de lin, de noix, etc., dites *huiles siccatives*.

Quant à l'opération mécanique qui la lie à la couleur, elle se pratique à la manière ordinaire; la seule précaution à prendre est de tenir la pâte toujours ferme et, afin de faciliter le mouvement de la molette qui par là devient plus laborieux, on additionne cette huile d'une certaine quantité de pétrole incolore et rectifié que l'on renouvelle de temps à autre, à mesure qu'elle s'évapore pendant le travail. Cette addition ne peut présenter aucun inconvénient si l'huile de pétrole est pure et décolorée par le noir animal[1], car elle disparaît bientôt de la couleur en se volatilisant sans résidus.

Toutefois doit-on veiller *à ce que ce départ soit complètement effectué au moment de l'emploi et avant de renfermer les couleurs dans des tubes en étain*[2] *ou des bocaux hermétiquement bouchés.*

On devra se garder d'ajouter trop de gluten à leur masse, car elles ne se tiendraient pas sur la palette, couleraient, se dessécheraient plus difficilement lors de l'application, et ne couvriraient pas.

Lorsque cet inconvénient se manifeste, on place la couleur sur un corps absorbant, une feuille de papier non collé, repliée en plusieurs doubles ou posée sur un bloc de craie, de plâtre ou de terre de pipe, et lorsqu'elle a repris la consistance nécessaire, on l'enlève avec l'amassette.

Les noirs surtout, et (à l'exception du bitume) les couleurs qui ne sèchent pas avec l'ancien matériel sans addition d'huile grasse, doivent être tenus le plus secs possible d'huile d'olive, qui retarde volontiers la dessiccation.

L'oléine, quoique plus liquide que l'huile d'olive, ayant cependant plus de corps, moins de fluidité que

[1] On trouve l'huile de pétrole décolorée chez MM. Wœrblin et Kessler, fabricants de produits chimiques, rue de la Nuée-Bleue, 8, à Strasbourg.

[2] M. Jung, rue Aumaire, 30, à Paris, fabrique les tubes en étain ainsi que l'appareil nécessaire pour les remplir commodément.

l'huile de pavot, enveloppe nécessairement moins de substance. Il est donc essentiel de pousser plus loin avec cette huile le broyage des couleurs, afin d'obtenir toute l'intensité et toute la vigueur possibles; c'est aussi pour cette raison que la pâte doit être tenue plus consistante. La couleur étant broyée, on devra se garder de l'employer aussitôt, car après l'application elle serait terne et sans adhérence au subjectile.

Au premier moment, en effet, elle est ferme et tient avec raideur sur la palette; mais au bout de quelques jours, une réaction s'opère par l'effet de laquelle la matière, mieux imbibée, s'affaisse tout à coup, devient plus visqueuse et se prête dès lors irréprochable au maniement.

D'ailleurs cet affaissement de la couleur, cette sorte d'empâtement visqueux ne dépasse jamais sa limite initiale et n'est dû qu'à un effet purement mécanique.

Nous ne nous étendrons pas davantage sur cette partie du matériel; l'expérience, mieux que ne sauraient le faire les détails que nous ajouterions, aura bientôt instruit celui qui se sera occupé de cette délicate manipulation.

DE L'OLÉINE D'HUILE D'OLIVE.

L'oléine se retire par expression à froid d'huile d'olive congelée.

Elle est beaucoup plus fluide que l'huile d'olive, dont elle possède du reste toutes les propriétés.

Le choix de l'huile destinée à cette préparation n'est point indifférent; celle de Lucques, obtenue à froid, dite *huile vierge*, est la préférable; elle se distingue par une fluidité plus grande, qu'elle doit à sa richesse en oléine et par une couleur plus faible, légèrement verdâtre.

L'oléine obtenue, on la laisse déposer et, s'il est nécessaire, on la filtre par les moyens en usage pour l'huile ordinaire.

Avant de l'employer au broyage des couleurs, il est bien d'augmenter encore sa fluidité naturelle par l'addition d'une certaine dose d'huile de pétrole incolore, dans le but de faciliter les mouvements de la molette.

Nous prenons : oléine . . . . 5 parties.
pétrole incolore rectifié 3 »

Ce mélange constitue l'*oléine à broyer les couleurs.*

L'huile d'olive s'obtient facilement incolore par l'influence de l'air et de la lumière, ou du charbon animal, à une température de cinquante à soixante degrés; mais ce résultat est peu à désirer, car il s'opère sur le tableau après l'application.

L'huile d'olive est presque toujours mélangée dans le commerce avec des quantités variables d'huiles de pavot, de faîne, etc., dont les déplorables effets ne tardent pas à compromettre les couleurs auxquelles on les a alliées.

Malheureusement l'examen que pourrait en faire l'artiste ne suffirait dans aucun cas de preuve à leur pureté. C'est donc avec la plus grande sollicitude qu'il devra s'enquérir de sa nature et la suivre, s'il est possible, depuis son extraction jusqu'à son emploi[1].

Intéressé plus que personne à assurer à l'art les résultats de notre découverte, nous l'engageons sérieusement, afin qu'il ne pût pas d'un défaut de soin conclure à un défaut de méthode, à ne s'en servir que lorsque la probité du vendeur lui offrira des gages suffisants de sécurité.

Enfin nous ferons remarquer que l'oléine extraite de l'huile d'olive n'a aucune analogie avec le corps qui dans l'industrie porte le même nom.

Ce dernier, que la chimie désigne par un autre nom (acide oléique), jouit de propriétés toutes différentes et ne peut en aucune façon servir dans notre procédé de peinture.

[1] L'huile d'olive et son oléine, préparées pour la peinture, sont fournies par MM. Wœrhlin et Kessler, fabricants de produits chimiques, rue de la Nuée-Bleue, 8, à Strasbourg, qui ne les livrent qu'après s'être assurés de leur pureté par tous les moyens possibles.

DE L'EMPLOI DES COULEURS.

Les couleurs préparées comme nous venons de le dire, sont d'une conservation plus facile que celles broyées à l'huile ordinaire; car elles ne se dessèchent jamais et ne se couvrent d'aucune pellicule à leur surface. Leur maniement, également facile, est d'ailleurs à si peu de chose près le même, que l'artiste familiarisé avec l'ancienne peinture à l'huile sera en quelque sorte initié d'avance à la réforme que nous venons lui proposer. En effet :

1° *Tenir les couleurs plus fermes sur la palette.*

2° *Ne jamais se servir de celles fraîchement broyées, mais attendre qu'elles soient devenues visqueuses, après le départ de l'huile de pétrole.*

3° *Les mêler toutes sans exception au moment de l'emploi sur l'endroit libre de la palette, à l'écart des couleurs mères, avec leur volume ou un peu plus de siccatif, soit à l'aide de la brosse, soit avec une amassette d'ivoire ou de corne.*

Telles sont les seules exigences particulières à cette méthode; prescriptions impératives toutefois et en dehors desquelles l'insuccès viendrait troubler l'artiste. Mais que cette légère différence ne lui soit point à charge!

une infinité de ressources nouvelles et tous les avantages d'avenir le dédommageront bientôt amplement du peu de contrainte qu'il se sera imposé.

Après ce court exposé, il pourrait se passer d'autres détails et procéder immédiatement à l'emploi du nouveau matériel; son jugement d'abord et l'allure des substances venant le guider dans son essai, il ne tarderait pas à remarquer de lui-même les divers avantages que l'on peut tirer de ses propriétés particulières.

Notre tâche ne consiste donc plus qu'à lui épargner un peu de temps et des écoles, en lui apprenant d'avance ce qu'il doit y rencontrer de facilités et de ressources.

Avant tout et afin de lui éviter des mécomptes dont il pourrait accuser nos procédés, nous lui recommanderons d'être sévère dans le choix des couleurs en nature; précaution de première importance, quelle que soit d'ailleurs la méthode que l'on emploie, et sans laquelle il n'est pas de peinture assurée.

Si nous possédons aujourd'hui un assez bon nombre de couleurs variées, sinon indestructibles du moins solides, il en est une bien plus grande quantité qui d'elles-mêmes, et au bout d'un temps plus ou moins long, se détruisent ou s'altèrent; et deux cas se présentent :

Ou bien elles se dégradent d'*intensité*, et vont alors s'éclaircissant ou s'obscurcissant de plus en plus; deux effets opposés qui varient suivant les produits d'altération qu'ils engendrent.

Ou bien, ce qui constitue un défaut plus dangereux encore, elles se dégradent de *ton*, et, changeant de nuance, passent à des teintes qui quelquefois ne sont pas mêmes voisines, et jettent une désharmonie profonde dans les rapports chromatiques. En envisageant d'une manière générale les causes de ces différentes altérations, on observe qu'elles se produisent 1° sous l'influence de la lumière; 2° sous celle de l'air ambiant; 3° sous celles des agents que l'on emploie à les fixer.

C'est ainsi que la lumière détruit certains bleus, les laques de cochenille, etc.

Que l'air souvent vicié des habitations colore et noircit les couleurs formées par la plupart des oxides ou des sels métalliques, ainsi que les huiles rendues siccatives par la litharge, l'acétate de plomb et la céruse.

Que l'emploi surtout des mauvaises huiles détermine des réactions dans les couleurs et que l'application du feu, comme dans la peinture à la cire, détruit leurs effets et leur harmonie.

En dehors de ces changements de la couleur, il en est quelques-uns qui ne sont qu'apparents et qui proviennent, non pas de son altération, mais bien de celle de la substance qui lui sert de lien.

Ce fait se remarque dans la peinture ordinaire, où il est dû à la coloration des huiles de lin et de pavot et surtout des huiles lithargisées. Cet effet se manifeste partout, il est vrai, mais plus particulièrement dans les couleurs qui exigent une addition d'huile grasse; et comme il se remarque plutôt sur certaines d'entre elles qui, plus altérées par la nouvelle teinte qui apparaît, ne la comportent pas, on applique en particulier à celles-ci un défaut qui leur est cependant étranger.

Tels sont le bleu de Prusse qui devient vert, le cinabre qui devient noir, etc.

Cette sorte de dégradation, on le conçoit, n'a jamais lieu avec nos procédés, et ces deux couleurs restent parfaitement pures comme les autres. Elles s'emploient sans aucun danger dans les parties les plus délicates, dans les ciels, certaines teintes fines, etc.

Notre projet n'est pas de décrire quelles sont les couleurs fugaces et quelles sont les couleurs solides, ni quelle est la manière d'en reconnaître les falsifications : nous renvoyons nos lecteurs aux détails que donnent à ce sujet des ouvrages plus étendus[1]. Nous dirons seulement que les couleurs sensibles à l'action de la lumière sont, de toutes, celles que l'on doit le plus soigneusement écarter de la palette. Celles que dénaturent les émanations sulfurées sont autant que possible également à remplacer : cependant, quoique, grâce au blanc de zinc qu'on nous fait espérer, ce résultat soit facile à obtenir, il est d'une plus faible importance ici que dans l'ancienne méthode, attendu que le caoutchouc, surtout

[1] Le *Manuel* de M. Bouvier contient tous les renseignements nécessaires sur la manière de s'assurer de la solidité des couleurs : quant à leur sophistication, l'analyse chimique est le seul moyen sûr à employer.

lorsqu'il est employé comme vernis final, abrite beaucoup mieux la couleur que les huiles siccatives et les vernis jusqu'alors en usage.

Après l'addition du siccatif, la couleur dont la dessiccation était jusque-là impossible, acquiert tout à coup à un haut degré la propriété de se dessécher; elle se durcit également dans toute sa masse, sans apparition de peaux, et quoique l'on puisse travailler assez longtemps dans la pâte, elle est complétement sèche après un mois d'application, et se prête alors parfaitement aux lavages à l'eau, au grattage et à la pose du vernis conservateur. Mais longtemps avant ce terme, avec un peu d'habileté, on peut déjà repeindre à la fin de la première dixaine. Toutes choses égales d'ailleurs, l'application d'une douce chaleur ou les rayons du soleil hâteront encore cet instant.

Toutefois nous conseillons fort, jusqu'à ce qu'en soit acquise l'expérience, d'attendre, avant la reprise, que l'ébauche soit complétement sèche. La brosse, en s'y promenant péniblement, amollirait les couleurs du dessous, et le travail serait forcément ajourné.

Toute liberté d'action demeurant au peintre, il pourra, sur une bonne préparation non absorbante, exécuter au premier coup, ou bien, sur un apprêt absorbant, établir d'abord une ébauche bien empâtée qui deviendra entièrement mate, puis reprendre après dessiccation.

Si par un défaut dans cette dernière préparation l'inconvénient de l'embus se déclarait à la reprise dans quelques parties, le remède facile serait d'y appliquer, après la dessiccation, une légère couche de siccatif pur.

On voit par ce qui précède, et selon les propres termes de M. Horace Vernet, dans son rapport adressé à l'académie des beaux-arts de l'Institut, que :

« L'emploi de ces couleurs est à peu près le même « que celui des couleurs ordinaires ; la nécessité de faire « usage d'un siccatif dans les clairs en fait toute la dif- « férence, ce siccatif remplaçant l'huile grasse dans les « laques et dans les ombres.... Le siccatif mêlé aux cou- « leurs leur donne un haut degré d'intensité, et il en « rend l'emploi agréable tant que la pâte conserve sa « souplesse ; elle se prête alors au moëlleux de la touche, « au modelé et à la plus grande légèreté dans l'exécu- « tion. »

L'usage des glacis, on le sait, est d'une grande ressource pour terminer une œuvre, la coordonner, lui donner une unité et une harmonie qui lui manquent souvent ; mais pour les poser commodément il faut attendre une dessiccation complète. Ces glacis sont d'une très-grande finesse ; on peut, en y introduisant, suivant le cas, plus de substances colorantes, les amener à l'état de *demi-pâte* et obtenir les effets les plus inattendus. Un peu d'expérience permet d'en tirer toutes sortes de ressources, sans tomber dans ce qu'on appelle le *farineux*, même avec des couleurs opaques.

Nous devons maintenant attirer l'attention de l'artiste sur une particularité importante et qui a trait à la manière dont se comportent les couleurs au moment de leur application sur le subjectile.

Les peintres ont dû remarquer ce fait, que toutes les fois que l'on incorpore des huiles essentielles aux couleurs, elles prennent un éclat extraordinaire et deviennent plus claires de ton qu'elles ne l'étaient d'abord. Quand l'essence s'est évaporée, le phénomène cesse et les couleurs rentrent dans leur état normal. Cet effet se manifeste aussi avec celles broyées à l'huile d'olive, aussi doit-on avoir la prévision de cet *abaissement* et agir en conséquence, surtout dans les retouches finales; l'habitude la rend facile; d'ailleurs on peut éviter jusqu'à l'ombre d'une incertitude à ce sujet en prenant la précaution d'apprêter d'avance les teintes nécessaires pour toute la durée du travail. Avant l'introduction du siccatif elles ne changeront pas de valeur et l'on n'aura pas à s'inquiéter de l'éclat momentané qu'elles acquerront pour le perdre bientôt.

Toutefois ce phénomène se manifeste à un moins haut degré que dans la peinture ordinaire.

En résumé et à côté de ses ressources et de ses autres avantages, cette nouvelle méthode est plus simple que l'ancienne, car au lieu de deux liquides, entre lesquels on doit choisir celui qui est propre à délayer telle ou telle couleur, on n'en emploie qu'un pour toutes.

De plus, elle est aussi facile et le pinceau glisse tout

aussi moëlleusement sur la pàte qui en conserve une empreinte délicate et permanente, mais sans raideur, ou se fond à volonté.

Qu'ajouterons-nous? Les enseignements de l'expérience, mieux que ceux d'une inhabile description, auront plus rapidement instruit l'artiste que nous ne saurions le faire en de longues pages. Qu'il prenne la nouvelle palette et qu'il peigne; qu'il tente tout, même ce qui avec les couleurs anciennes passait pour impossible, et il sera bientôt étonné des moyens inattendus que ce matériel met à sa disposition. Il appréciera la facilité toute nouvelle de pouvoir quitter et reprendre le travail quand bon lui semblera, de l'interrompre même au milieu d'une partie délicate, sans que lui soit imposée l'obligation de repeindre cette partie pour l'accorder plus tard avec ses voisines: celle non moins précieuse, de ne point avoir d'embus, d'opérer toute espèce de retouches sans le secours de ces dangereuses mixtions qui avaient pour bases indispensables les sels de plomb; celle qui lui permettra d'obtenir, presqu'à son insu, l'imitation de l'air qui enveloppe tous les objets et les sépare (ce qui est certes une des difficultés de la peinture) de l'ombre avec sa transparence réelle et son prestige, et enfin, de produire sans peine ces teintes magiques que l'on admire dans les tableaux du Corrège. Cependant nous ne lui cacherons pas que malgré tous ces avantages, à son premier début, il éprouvera une certaine gêne, parce qu'accoutumé à laisser agir sa main, à ne pas s'en préoccuper, il lui faudra diviser son attention, la distraire de temps en temps du sujet et la ramener à l'opération toute matérielle de l'application des couleurs.

Mais le second essai le laissera déjà libre, et le troisième viendra le dédommager du court ennui de ce petit apprentissage.

PRÉCAUTIONS A PRENDRE PENDANT LE TRAVAIL.

Nous ne saurions trop le répéter : au moment de l'emploi des couleurs, on ne devra jamais oublier de mêler le siccatif avec elles en opérant le mélange sur la palette à l'écart des couleurs mères.

L'artiste à son premier essai, entraîné par l'habitude, oubliera peut-être de remplir cette condition essentielle, lorsqu'il fera usage du blanc de plomb, du jaune de Naples, enfin des couleurs qui dans la peinture ordinaire n'exigent pas une addition d'huile grasse, ou en tiennent lieu lorsqu'elles sont mélangées avec d'autres. Nous le prévenons qu'une semblable inadvertance serait une faute grave que malgré tous ses soins il ne réparerait qu'imparfaitement. Il serait injuste toutefois s'il faisait retomber sur la nouvelle méthode l'humeur que lui causerait un désappointement inévitable, mais qu'il saura dès lors éviter; car il est vrai que rien n'est plus profitable que l'expérience acquise à ses dépens.

Quoique les couleurs aient la faculté de se conserver fraîches et maniables sur la palette pendant plusieurs années [1], il ne faut pas pour cette raison la charger outre mesure. Il est même prudent de ne la garnir que pour une quinzaine de jours, parce que malgré toutes les précautions imaginables, la poussière viendrait à la longue, pendant les heures de travail, s'accumuler à leur surface et les souiller de manière à en rendre l'usage beaucoup moins avantageux.

A la suite de chaque séance, on devra sans délai s'occuper du soin de nettoyer la palette. Cette opération fort simple à ce moment deviendrait le lendemain plus longue et plus difficile. A cet effet on retirera avec l'amassette les couleurs et mélanges devenus inutiles, qui ont reçu l'addition du siccatif, et à l'aide de coton roulé en forme de noix, légèrement et partiellement trempé dans l'essence de pétrole blanche, on fera disparaître jusqu'à leurs moindres traces. Puis on essuiera la place avec un morceau de linge, et l'on écartera la

[1] Nous conservons depuis dix ans des couleurs broyées à l'huile d'olive, sans autre précaution que de les préserver de la poussière, dans des boîtes imparfaitement closes. Elles n'ont subi aucune altération, et nous nous en servons à l'occasion comme des fraîches. Leur consistance s'est à la vérité un peu accrue, mais elles ne se sont point couvertes de peaux, et peuvent toujours être délayées instantanément avec le siccatif.

palette à l'abri de la poussière dans une boîte hermétiquement close.

Les brosses et les pinceaux seront également nettoyés dans un pincelier à double fond dont l'usage est généralement répandu, rempli, dans le réservoir supérieur, d'huile de pétrole, et dans le double fond communiquant, d'eau pure.

Toute cette opération pour la palette et les pinceaux ne demande pas cinq minutes.

On devra soigneusement, pendant et après le travail, garantir la peinture de la poussière qui, en s'y attachant dans les premiers jours, en ternirait la fraîcheur, surtout si le tableau est de petite dimension et destiné à être vu de près. Les couleurs appliquées à l'aide du caoutchouc sèchent rapidement, mais conservent pendant quelques jours une disposition adhésive qui exige cette précaution. Une fois la dessiccation arrivée à un certain degré, la poussière se fixe plus mollement, et à l'aide d'une éponge imbibée d'eau on peut, sans nuire à la peinture, la détacher facilement.

Chaque fois que l'on reprend une ébauche pour l'achever ou un tableau pour y faire des retouches, il faut même préalablement en laver la peinture avec une éponge et de l'eau, afin d'enlever les particules étrangères qui ont pu s'y assembler.

Cette prescription d'éviter la poussière n'est pas nouvelle, elle est imposée quand on peint à l'huile d'œillette; mais ici elle est d'autant plus importante que les couleurs ont plus de transparence et de fraîcheur, et que la moindre parcelle d'un corps étranger s'y montre plus franchement.

Il serait utile aussi, afin de conserver les couleurs mères dans toute leur pureté, d'y puiser, non pas avec la brosse qui y laisserait des traces des autres couleurs et du siccatif, mais avec une amassette de plus petite dimension que celles en usage, terminée par une douille de calibre à recevoir un manche de brosse ordinaire. Disposée de cette façon, elle prendrait place dans la main gauche de l'artiste, à côté de ses autres brosses, sans lui causer la moindre gêne.

Le godet qui contient la mixtion siccative ne demande d'autre soin que *d'être tenu bien bouché* pendant le temps de repos. Il est prudent de ne l'emplir que pour l'usage de la séance ou de la journée.

Après plusieurs jours le siccatif s'épaissit et a besoin d'être ramené à sa fluidité primitive, par l'addition d'un peu d'huile d'aspic rectifiée; si l'on dépassait le point nécessaire par une trop abondante dilution, on devrait laisser s'évaporer l'excès d'huile essentielle, sous peine de ne pas obtenir dans la peinture le brillant habituel, et de voir la dessiccation retarder.

DU SICCATIF-CAOUTCHOUC.

Le siccatif employé pour la peinture à l'huile d'olive et que nous désignons par le nom de *siccatif-caoutchouc*, se compose d'une dissolution concentrée de caoutchouc épuré dans l'essence d'aspic rectifiée avec soin.

Le caoutchouc du commerce, même le plus pur, contient toujours une certaine quantité de matières étrangères colorées, notamment un acide qui colore en vert les sels de fer et par conséquent les couleurs mars. Il doit donc, avant sa dissolution, être soigneusement débarrassé de ces substances par des lavages appropriés, et dès lors il ne peut aucunement réagir sur ces couleurs.

L'essence d'aspic convenablement rectifiée est, comme on sait, complétement volatile. Le caoutchouc dissous par son intervention reste, après dessiccation, parfaitement pur et exempt de la moindre trace de ce liquide. Toutefois il ne recouvre son élasticité qu'au bout d'un temps fort long.

C'est sur cette propriété que se base la sécurité de la nouvelle méthode; aussi, dès le principe, n'avons-nous rien négligé pour nous assurer qu'il en est réellement ainsi. La propriété caractéristique de ce siccatif est de faire sécher l'huile d'olive et d'amandes qu'on mélange avec lui.

En même temps, il jouit après sa dessiccation d'une brillant très-convenable et d'une translucidité précieuse qu'il communique à la couleur. Récemment préparé, il est la plupart du temps un peu louche; mais au bout d'un mois de repos environ, il s'y forme un léger dépôt linéaire et il en acquiert une limpidité parfaite; en même temps il devient plus fluide, et le temps, en passant sur lui, le rend d'un emploi plus agréable encore.

Si l'on désirait en obtenir plus de raideur, ou s'il venait à s'épater lors de l'application, on y remédierait, soit en y ajoutant plus d'essence qu'il n'en contient, soit en y mêlant plus de couleur, ou tout à la fois en employant ces deux moyens dans les limites que comporte sa composition.

L'excès d'huile d'aspic lui enlève du brillant, l'excès de couleur produit le même effet, et de plus ralentit la dessiccation.

Nous signalons cette circonstance; mais nous devons ajouter que le défaut de ces conditions n'est nullement à considérer pour le peintre.

Le siccatif appliqué seul après dessiccation complète, donne un moyen facile de faire disparaître les embus, qui par un défaut dans la préparation du subjectile, pourraient venir à se déclarer sur un enduit à la colle. Enfin il donne un excellent vernis final sur toute espèce de tableaux.

DU VERNIS FINAL.

Les tableaux peints par cette méthode peuvent rigoureusement se passer de vernis final. Cependant c'est une nouvelle garantie de conservation qu'il ne faut pas négliger, particulièrement pour les peintures que l'on doit exposer librement à l'air. On emploie à cet effet, soit notre siccatif-caoutchouc, soit une dissolution analogue moins colorée et possédant à peu près les mêmes propriétés. Ce nouveau vernis final a également le caoutchouc pour base, mais sa décoloration est plus parfaite, et il a plus de brillant et d'éclat.

Le siccatif ordinaire devant servir au vernis final doit, par une addition d'huile de térébenthine, être tenu plus fluide qu'il n'était ordinairement. Trop consistant, il ne s'étendrait pas uniformément et serait par son épaisseur d'un effet moins agréable.

Après un mois, un tableau peint à l'oléine peut déjà le recevoir et ne court aucunement le risque des gerçures; mais il est prudent de conduire la brosse avec légèreté et de faire en sorte qu'elle ne repasse plus sur les parties déjà enduites.

On agirait sagement, en attendant quelque temps encore après la dessiccation complète, et cela sans le moindre sacrifice, puisque ce vernis n'ajoute rien à l'effet de la peinture, mais la place seulement d'une manière plus absolue à l'abri de tout événement.

Les vernis de cette nature n'ont jamais besoin d'être enlevés, mais seulement lavés à l'eau.

Les peintures qui les ont reçus se trouvent donc sauvées de cette compromettante opération et leurs restaurations s'exécutent avec autant de facilité que les retouches ordinaires, sans que (à part cet abaissement immédiat de ton que nous avons signalé plus haut et dont la cause est dans le départ des essences) l'on craigne le moindre obscurcissement de la nouvelle couleur.

II.

DE LA PEINTURE AU CAOUTCHOUC

SANS HUILE.

Le procédé que nous allons décrire est appelé certainement à jouer un rôle important, non-seulement dans la peinture ordinaire, mais encore dans la peinture architecturale et même dans celle de bâtiment, soit intérieure, soit extérieure.

Il se prête à la peinture artistique au chevalet et présente à volonté toutes les ressources du brillant ou du mat le plus parfait. Nous n'hésitons pas à le présenter comme devant remplacer la fresque dont les ressources bornées, le travail ingrat et hérissé de difficultés continuelles entravent et rebutent la verve de l'artiste.

Il consiste à faire usage, dans le but de fixer les couleurs sur le subjectile, de caoutchouc *pur*, en dissolution dans des liquides complétement volatils, en sorte qu'après l'exécution, le tableau se trouve composé de la couleur seule et de caoutchouc pur et transparent qui la retient et l'enveloppe, substance inaltérable par excellence, qui défend l'œuvre contre les émanations acides, ammoniacales, sulfureuses, et facilite les réparations de toute espèce.

Suivant les usages auxquels cette peinture est destinée, son mode d'application variant naturellement en même temps que les essences dont on fait usage, nous aborderons séparément ses différents emplois.

DE LA PEINTURE A L'ESSENCE DE CIRE BRILLANTE.

Le but qu'on s'est ici proposé est de faire servir le caoutchouc, seul et surtout sans le secours d'aucune huile, à retenir les matières colorantes sur le subjectile, et quoique différentes voies se soient offertes, celle que nous allons décrire est à la fois la plus naturelle et la plus parfaite.

Les couleurs, qui doivent être tenues de bonne consistance, sont broyées à la manière ordinaire avec l'essence volatile de cire, ou, à son défaut, de *fine essence* purifiée qui s'évapore lentement, mais sans laisser le moindre résidu.

Au moment de l'emploi elles sont étendues dans un volume égal d'une dissolution de caoutchouc dans les huiles d'aspic, de pétrole, de térébenthine ou dans un mélange de celles-ci.

On concevra sans peine l'immense avantage que l'on peut tirer d'une semblable disposition ; les couleurs restent fraîches sur la palette et maniables pendant plusieurs mois, et lorsqu'après un temps très-long elles sont retombées à l'état pulvérulent, elles ne laissent aucune trace du séjour du gluten et sont facilement ramenées, par une nouvelle addition d'essence de cire, au même état de pâte qu'elles présentaient auparavant.

L'artiste, en ne faisant usage que de couleurs solides, possède donc la certitude la plus complète de la conservation de son œuvre, qu'il exécute avec toute la facilité que permet l'ancienne peinture à l'huile et sur les mêmes préparations.

Quant à l'emploi du procédé, il est en tous points identique à celui de la peinture aux huiles d'olive et d'amandes, et nous nous bornerons à renvoyer nos lecteurs à ce que nous en avons dit à propos de l'emploi des couleurs et des précautions à prendre pendant le travail.

Observons toutefois que les noirs de charbon, employés seuls avec le siccatif-caoutchouc, sont d'une dessiccation plus difficile et prennent moins d'adhérence au subjectile que les autres couleurs ; mais outre qu'ils sont rarement employés seuls, on les remplace avantageusement par un mélange des couleurs élémentaires. Les plus intenses sont formés de bleu de Prusse, de terre de Cassel et de laque de garance foncée.

DE LA PEINTURE MONUMENTALE MATE, DESTINÉE A REMPLACER LA FRESQUE.

En apportant une légère modification au procédé à l'essence de cire, on arrive à un genre qui l'emporte certainement de beaucoup sur la fresque.

Nous proposons le moyen de produire une peinture entièrement mate, moins blafarde que la fresque, joignant à toutes les ressources de la palette ordinaire les garanties les moins équivoques de durée et de conservation, moyen qui permettra au peintre toute liberté dans le travail et l'exécution.

Mais comme dans notre position modeste et avec l'exiguité de nos ressources, nous n'avons pu donner aux épreuves une valeur qu'elles auraient dû prendre, nous nous sommes assuré seulement que notre procédé était irréprochable pour les peintures d'intérieur, et nous n'avons pas fait l'essai dans les pires conditions, c'est-à-dire sur des murailles exposées à la pluie et aux rigueurs de notre climat. Ce soin, qui a dépassé pour nous les bornes du possible, appartient au gouvernement, si les savants et les artistes jugent notre découverte digne d'une expérimentation de ce genre.

Cette nouvelle peinture est si simple qu'après en avoir

lu la description, l'on se demandera sans doute, pourquoi d'autres plus habiles que nous n'y furent pas depuis longtemps conduits.

Nous composons avec les éléments même de notre peinture à l'huile de cire : le caoutchouc, l'huile de cire et d'autres essences additionnées à volonté de cire ou d'élemi dans de faibles proportions, un gluten pour la fresque, destiné au *broyage* des couleurs. Ces dernières, mélangées au gluten, doivent avoir l'épaisseur très-convenable des couleurs à l'huile d'œillette récemment broyées, de sorte, que la masse qui en résulte soit amenée immédiatement à une consistance telle qu'elle puisse se prêter à l'emploi sans addition ultérieure d'aucun autre délayant.

Pour les conserver dans ces conditions, il faut les tenir dans des bocaux hermétiquement fermés.

Si toutefois l'artiste voulait faire exclusivement usage de glacis et éliminer ainsi l'oxide de plomb de la palette, en tirant parti de la couleur du fond, il devrait, cela se comprend, délayer les couleurs avec de plus fortes proportions d'essence de térébenthine ou d'aspic. Nous le prévenons en même temps que, pour obtenir le mat absolu, il ne doit faire usage que de couleurs récemment broyées.

Les matériaux ainsi préparés sont d'un emploi facile ; seulement la nécessité d'attendre longtemps une dessiccation suffisante de l'ébauche rend presque indispensable l'obligation de peindre un premier coup. Nous travaillons à lever ces dernières difficultés, et nous y parviendrons.

Du reste, rien de plus à ajouter sur l'emploi de ces couleurs ; habitué au maniement de la brosse, l'artiste saura les amener à un degré de fluidité agréable et le parti qu'il en tirera ne sera nullement entravé par le travail de leur préparation qui sera de cette manière accompli d'avance.

Il devra observer qu'elles présentent peu d'épaisseur, pour ne pas former de ces aspérités sur lesquelles la poussière se reposant, produirait le même effet que sur un mur mal dressé.

On le voit, le principe est le même que pour le genre précédent, ne devant servir d'ordinaire qu'aux tableaux de chevalet.

Lorsqu'il s'agit de vastes compositions, les mouvements de l'artiste ne doivent pas être gênés par le soin minutieux de méler un siccatif aux couleurs, et de recommencer à chaque instant sans être sûr de reproduire la teinte nécessaire à l'achèvement d'une teinte commencée.

Placé dans de semblables conditions, il perdrait bientôt l'entrain, la verve et la spontanéité de ces coups de brosse heureux qui font le charme des peintures monumentales, destinées à être vues de loin.

Il sacrifiera bien, à la vérité, l'avantage d'une palette toujours fraîche (avantage de peu d'importance dans ce cas); mais il sera dégagé de mille soins devenus fastidieux et il y gagnera une liberté précieuse.

La dessiccation de la peinture sera plus ou moins lente, suivant l'essence dont on aura composé le gluten. On pourrait l'opérer de suite dans tous les cas, en dirigeant sur la surface peinte un jet de vapeur d'eau.

Cette observation doit être envisagée comme simple ressource; d'autant plus que ces sortes de peintures se trouvent, par la place même qu'elles occupent, peu exposées aux accidents.

D'ailleurs leurs dégradations, de quelque nature qu'elles soient, se réparent avec la plus grande facilité et n'entraînent en aucun cas, comme dans la fresque, à la reconstruction de l'œuvre.

On devra se rappeler ce qu'à propos de la peinture à l'huile de cire nous avons dit des noirs. On doit rejeter aussi les couleurs bitumineuses, lesquelles sont formées de résines minérales dont le brillant prédomine toujours et fait tache au tableau, et prévoir incessamment l'affaiblissement des teintes résultant du départ des essences.

Il est un autre moyen encore de produire une peinture mate, propre à remplacer la fresque : en employant avec les couleurs à la cire du commerce notre siccatif-caoutchouc, on obtient une surface parfaitement mate, un peu froide d'effet, à la vérité, mais incomparablement moins que la peinture à la cire, et présentant sur celle-ci l'avantage d'une plus grande solidité et d'une résistance complète au frottement qui ne la rend nullement brillante.

Quant aux préparations préliminaires propres à ces sortes de peintures, les toiles et les panneaux seront d'abord encollés, puis recouverts d'un léger enduit à la détrempe; les murailles, préalablement bien dressées, seront desséchées, s'il est nécessaire, au moyen du feu, puis tous ces subjectiles subiront l'application d'une ou deux couches de cire délayée au bain-marie dans de l'huile de pétrole, jusqu'à consistance de crème épaisse, et additionnée d'une trentième partie de résine.

Cette mixtion s'applique à la brosse, puis, au moyen d'un réchaud portatif, on la fait pénétrer dans l'épaisseur du mur ou de l'apprêt.

Toutes ces préparations sont connues et ont pour but d'empêcher l'excipient d'abandonner les couleurs pour l'apprêt. Elles ne doivent point rester à la surface du subjectile, mais le pénétrer aussi profondément que possible.

Faisons observer, en terminant ce sujet, combien en dehors de sa mission spéciale, le procédé que nous venons de décrire serait préférable à la peinture à la détrempe pour la décoration intérieure des salles de concert, de réunion, toujours d'une durée si éphémère, obscurcies et souillées qu'elles sont aussitôt par les attouchements, la fumée et les vapeurs du gaz.

Par un simple lavage à l'eau, les peintures au caoutchouc pourraient être tenues dans un état constant de fraîcheur, tandis que pour les autres, il n'est qu'un moyen de restauration : les faire repeindre en totalité et à grands frais.

A côté des conditions impératives du mat parfait, on peut en adoucir la sévérité en recouvrant la superficie de la peinture d'une couche de lait de cire frottée après dessiccation, soit avec la paume de la main, soit avec un tissu de laine fine, les couleurs dont on fait usage aujourd'hui ne permettant pas l'usage du *cautérium*. La cire employée de cette manière répandra sur la surface peinte un voile léger et velouté, dont le charme, dans ce cas, pourrait devenir d'un heureux secours. Ce genre aurait beaucoup d'analogie avec la peinture à la colle et à la cire des anciens, dont on retrouve de si brillants vestiges à Pompéï; et si l'on doit en juger d'après son facile entretien, ses propriétés doublement hydrofuges, sa fraîcheur permanente et sa solidité, nous le croyons appelé à devenir d'une application usuelle.

Enfin, passant à volonté par tous les degrés du lustre le plus faible au brillant le plus parfait, on arrive également à un résultat irréprochable, en employant comme vernis notre siccatif-caoutchouc plus ou moins étendu d'essence.

III.

DES AVANTAGES DE LA NOUVELLE MÉTHODE.

En résumé, dans la nouvelle méthode, l'emploi du caoutchouc tel que nous l'entendons pour parfait, comme dans notre procédé à l'huile d'olive ou d'amandes et au siccatif-caoutchouc, ou dans celui à l'huile de cire et au même siccatif, apporte à la nouvelle peinture à peu près toutes les qualités qui faisaient défaut à l'ancienne, sans en changer les habitudes et la pratique ; savoir :

Dans l'œuvre :

Une stabilité complète de la couleur, jamais d'obscurcissement ni d'altération dans les teintes.

Jamais de gerçures ni de craquelé, une flexibilité précieuse et permanente de la peinture, assurée par la flexibilité des substances qui la composent et par leur dessiccation simultanée dans toute leur épaisseur.

Plus d'éclat et surtout plus de transparence et de moelleux.

Plus de fraîcheur dans le coloris, par conséquent plus de ressources.

Une résistance plus grande à l'influence de l'humidité, des émanations sulfureuses, ammoniacales, etc., et une inaltérabilité complète après l'application d'une couche de siccatif en guise de vernis final et protecteur des deux côtés de la toile.

Dans l'exécution :

L'avantage inappréciable d'une palette toujours fraîche et la conservation des teintes préparées.

Celui de permettre l'emploi de tous les subjectiles en usage aujourd'hui sur lesquels l'adhérence est parfaite.

Celui de n'avoir jamais d'embus sur une préparation non absorbante.

Une extrême facilité dans les retouches qui sont toujours possibles sans l'emploi des pommades et mixtions au sel de Saturne, le travail pouvant à toute minute être quitté et repris, et le siccatif employé comme vernis n'ayant jamais besoin d'être enlevé.

L'inutilité d'un vernis final (quant à l'effet).

Enfin une plus grande simplicité dans l'exécution, puisque l'on ne fait usage indistinctement pour toutes les couleurs que d'un seul et même siccatif.

Quant à la peinture mate au caoutchouc pur, sa supériorité est tellement incontestable qu'énumérer ses qualités serait une superfétation.

IV.

DES DÉFAUTS DE L'ANCIENNE PEINTURE

ET DES MOYENS DE LES ATTÉNUER.

Depuis l'antiquité très-reculée, où la peinture fut en honneur, les différents procédés matériels de cet art, dont l'usage s'est généralement répandu parmi les peuples, ont été plus ou moins défectueux ; car, par une conséquence inévitable de la nature même des substances qui servaient de lien aux couleurs, tous ont péché sous le point de vue soit de l'emploi, soit de l'effet, soit de la durée.

A côté d'une foule d'autres méthodes, dont l'insuffisance ne pouvait amener autre chose qu'un succès éphémère ou un prompt oubli, les anciens ont généralement employé la cire, et les modernes les huiles de lin et de pavot.

Mais la cire, d'après le peu qui nous ait été transmis des procédés anciens, était d'un emploi difficile et compromettant qui la fit abandonner ; elle exigeait le concours du feu, et, si de nos jours on possède le moyen de la déposer à froid, le peu de cohésion et de transparence qu'elle obtient alors, rend son aspect terne et froid, nouvelle difficulté qu'on ne peut surmonter qu'en retombant dans l'ancienne (l'emploi du feu), aggravée encore par la fugacité de nos couleurs, que la fusion de la cire dénature et avilit.

Quant aux huiles de lin et de pavot, d'un emploi séduisant et facile au premier moment, mais dont on ne tarde pas à reconnaître l'ingratitude; d'un effet satisfaisant, mais éphémère, comme leur existence et leur durée, elles ont, par leur séduisant abord, détourné peu à peu des autres procédés de peinture et introduit dans l'art moderne le germe funeste d'un mal qui nous frappe déjà dans les œuvres de nos grands maîtres, et dont nos descendants apprécieront mieux encore la désolante gravité.

En effet, leur altérabilité surprenante, dont toutes les œuvres modernes portent le cachet, se communique à la peinture qui par elle :

S'obscurcit progressivement et arrive peu à peu jusqu'au noir, où tout se confond.

Se gerce, se craquèle, perd toute cohésion et finit par se détacher du subjectile.

Et tandis que, d'une part, l'obscurcissement des différentes huiles dont elle exige l'emploi, de l'autre, les réactions diverses de celles-ci sur les couleurs, détruisent infailliblement son harmonie, sa fraîcheur disparaît sans retour.

L'inégalité de sa dessiccation, qui s'opère rapidement, il est vrai, à la surface, mais fort lentement dans l'épaisseur, et l'hétérogénéité de son vernis final obligatoire, avec la couleur, concourent encore à avancer sa destruction et sa fin.

Pour tous ces motifs les réparations en deviennent très-difficiles, pour ne pas dire impossibles, et la peinture, mal défendue, ne supporte point les émanations sulfureuses, ammoniacales, acides, etc., et les lavages à l'eau lui sont funestes.

Les *embus* et cet obscurcissement rapide que nous venons de signaler, rendent laborieux l'accord du travail récent avec l'ancien; on pourrait ajouter même, celui du jour avec celui de la veille.

Sur la palette, les couleurs, sans cesse recouvertes de pellicules indissolubles, se trouvent bientôt hors d'usage; de là des pertes de substances souvent considérables, et un travail pénible, bien fait pour détourner de l'art l'amateur peu assidu.

Ces principaux vices de la peinture à l'huile, que tous reconnaissent et déplorent, découragent nos artistes et leur font redouter de confier à un si fragile matériel les œuvres dont ils attendent gloire et réputation.

On le voit, il restait dans les procédés matériels de l'art une grande et profonde réforme à accomplir :

Rendre la peinture facile, séduisante, commode dans son emploi, puissante, variée et agréable dans ses effets, immuable et indestructible par le temps: tel est le but que nous nous étions depuis longtemps proposé, et que nous croyons avoir aujourd'hui complétement atteint.

Nous venons d'exposer superficiellement les principaux vices de la peinture à l'huile, nous avons avancé qu'ils étaient essentiels à cette méthode et ne provenaient ni de la nature des couleurs[1], ni des subjectiles, ni de l'emploi plus ou moins soigneux de son matériel; mais qu'ils étaient dus essentiellement à son principe même et à sa base : l'huile.

Et, chose étrange, c'est sur l'altérabilité même de cette substance qu'est fondé l'emploi qu'on en fait en peinture.

L'huile, au contact de l'air, s'unit rapidement à l'un de ses éléments, l'oxigène, et cette combinaison donne naissance à un corps tout différent d'elle-même, à une sorte de résine solide, résistante et translucide, capable momentanément de retenir les couleurs et de les fixer.

Cette oxidation s'opère lentement lorsque l'huile est pure; mais par un phénomène précieux à l'ancien art, elle est considérablement activée par le contact de celle-ci avec certains corps, tels que l'oxide et l'acétate de plomb, l'oxide de fer, etc., et lorsque ceux-ci sont employés comme couleurs, les pâtes qui en résultent sèchent avec une grande rapidité. De là le nom de

[1] Nous avons vu, page 20 et suiv., quelle était la part à faire des causes d'altération de la peinture qui sont dues aux couleurs; nous n'y reviendrons pas ici.

couleurs siccatives que l'on a donné à celles qui manifestent cette étonnante propriété.

L'oxide et le carbonate de plomb la possèdent à un haut degré, et comme il suffit que l'huile ait subi le contact de l'un de ces corps pour devenir à son tour très-siccative, sans doute à cause d'une portion de leur substance qu'elle retient en dissolution, on a tiré parti de cette circonstance pour faire sécher les autres couleurs.

A l'aide de ce stratagème toutes les couleurs sont applicables et se dessèchent indifféremment, l'huile ordinaire étant employée avec les couleurs siccatives et l'huile grasse ou lithargirée avec les couleurs ordinaires, et toutes deux, grâce au même principe, subissant avec rapidité au contact de l'air cette sorte de résinification dont on tirait un si utile, mais si perfide parti.

Si la dessiccation une fois accomplie, l'huile solidifiée fût devenue un corps inerte, incapable de toute altération subséquente, la peinture à l'huile eût été en effet, comme on l'a cru longtemps, un précieux asile contre les exigences et les difficultés des autres genres.

Mais il n'en est point ainsi, et cette même propriété de l'huile qui rendait son emploi si facile et si agréable, constituait en même temps un défaut si grave de ce procédé, qu'il le rendait à lui seul plus vicieux et plus incomplet que tous ceux qu'il venait remplacer.

L'huile solidifiée continue au delà de ce terme à parcourir les phases d'une oxidation qui varie suivant le milieu où elle se trouve[1], mais qui ne s'arrête en réalité qu'à l'anéantissement complet de sa substance, à une sorte de carbonisation lente dont le produit a perdu toutes les qualités qui appartiennent à un bon excipient des couleurs.

Bien plus, quelques efforts que l'on tente, on ne pourra parvenir jamais qu'à reculer ce triste mais inévitable résultat, qui constitue la peinture à l'huile la plus déplorable erreur de l'art moderne. Plus prudents que nous, qui remarquons partout ses défauts et n'en profitons pas, les premiers peintres qui ont fait usage de ce procédé employèrent d'abord l'huile avec la plus grande réserve, la remplaçant autant que possible par des essences complétement volatiles, chargées de principes résineux. Telle était la méthode des frères Van Eyck.

Plus tard leur exemple enhardissant les artistes à son emploi, l'huile fut rapidement substituée à toutes ces préparations qui, outre qu'elles embarrassaient la marche du pinceau, exigeaient de plus beaucoup de soins et une attention particulière.

Cet abus de l'huile dans la peinture devait, par de funestes effets, amener nécessairement une réaction in-

[1] On remarque généralement que, soumises à l'obscurité, les couleurs jaunissent, mais supportent mieux l'action du temps; que les couleurs exposées à la lumière, et surtout aux rayons du soleil, ne jaunissent pas ou jaunissent moins, mais se dessèchent fort rapidement et deviennent friables.

verse, et, si l'on doit s'étonner à ce sujet, c'est seulement de la lenteur avec laquelle elle s'est manifestée.

En face de résultats qu'on ne pouvait méconnaître, force fut bientôt de revenir au début. On employa de nouveau l'huile avec ménagement, et seulement au broyage des couleurs, on composa des délayants et des siccatifs, destinés à les étendre et à diminuer ainsi la quantité d'huile; mais ces siccatifs eux-mêmes renfermaient une certaine quantité de celle-ci, qu'on ne put jusqu'ici éliminer complétement; et, nous le répétons, on n'obtiendra jamais par tous ces insuffisants remèdes que de vains palliatifs à un défaut qui persistera toujours, tant que l'on ne se sera pas décidé à rejeter sa cause: l'huile.

DU SICCATIF-CAOUTCHOUC, EMPLOYÉ DANS LA PEINTURE A L'HUILE ORDINAIRE, EN REMPLACEMENT DE L'HUILE D'ŒILLETTE ET DE L'HUILE GRASSE.

Nous venons de voir que tant que l'on n'aura point prudemment écarté de la peinture les huiles de lin et de pavot, on aura toujours dans celle-ci un élément éminemment destructible et par suite un procédé très-imparfait.

A ceux donc, que la force de l'habitude ou du préjugé contraindrait à employer encore les couleurs de l'ancien matériel à l'huile, et à chercher un remède à des défauts qu'ils ne peuvent se dissimuler, nous conseillons notre siccatif-caoutchouc, au lieu de l'huile grasse et des délayants habituels.

Il se prête parfaitement à la peinture ordinaire, à la seule condition d'être employé comme l'huile grasse, mais avec toutes les couleurs sombres ou claires indistinctement; par ce moyen, si la dessiccation se trouve un peu ralentie, on n'aura plus du moins à redouter l'inconvénient grave de l'embu.

Et si la peinture qui en résulte n'est pas, hâtons-nous de le dire, indestructible et immuable en raison du peu d'huile qui s'y trouve, l'artiste acquiert au moins la garantie complète que l'obscurcissement ne sera dû qu'à celle qu'il y aura conservée. Inaltérable par lui-même, ce siccatif peut être employé sans réserve, soit comme délayant, soit comme vernis conservateur et sans autres précautions que celles que nous avons indiquées à propos de l'emploi du matériel à l'huile d'olive.

Bien supérieur à toutes les compositions employées dans le même but, il permet les retouches de toutes espèces sans huile ni pommades ou mixtions au sel de Saturne, les lavages à l'eau, etc., donne à la peinture une flexibilité précieuse qui la met à l'abri du craquelé et des gerçures. Il y apporte une transparence, un éclat et une pureté qui lui manquaient; y maintient, sous l'influence du temps, une harmonie que l'usage de deux corps si différents (l'huile d'œillette et l'huile grasse ou lithargirée) détruit infailliblement; enfin, il joint à toutes ces qualités l'avantage d'une simplicité plus grande dans le travail, puisqu'il tient lieu à lui seul de deux délayants et se prête au modelé le plus délicat.

V.

DES SUBJECTILES ET DE LEURS APPRÊTS.

Ce n'est pas sans une pensée pénible que nous abordons cette partie si essentielle et pourtant si imparfaite du matériel de la peinture.

Depuis que l'usage des panneaux de grandes dimensions a été abandonné, nous avons bâti sur le sable comme des enfants, et cela sans être inconséquents, puisqu'en tout état de choses les couleurs n'avaient pas même la solidité du fragile tissu sur lequel on les déposait; mais dès ce moment où les couleurs ont acquis une stabilité assez évidente déjà pour que nous pussions croire à leur durée, nous devons nous préoccuper du soin de rétablir l'équilibre rompu par ce perfectionnement, et former des vœux pour que cette lacune soit rapidement comblée.

En effet, quel avantage devons-nous retirer de l'emploi de telles couleurs, si nous n'avons pour les soutenir qu'un fond sans résistance et sans durée?....

Espérons que les expériences entreprises dans le but

de donner au bois les qualités qui lui manquent nous seront profitables.... que l'emploi de corps nouveaux, comme ceux auxquels la chimie, dans sa marche géante, donne à chaque instant le jour, facilitera la réunion des compartiments des panneaux, et que ceux-ci deviendront la base de bons enduits préparatoires. Alors seulement nous obtiendrons les garanties que demande l'artiste pour asseoir ses compositions avec la confiance qu'elles parviendront à la postérité la plus reculée.

Pour hâter cette réforme, il faudrait que les peintres distingués de notre époque disent aux savants, leurs contemporains : Donnez un solide support à nos couleurs désormais inaltérables, et nous remunérerons cet important service par une noble récompense — nous éterniserons en quelque sorte vos traits, comme les Zeuxis, les Protogène et les Appelle auraient éternisé ceux des hommes remarquables de la Grèce, si leurs chefs-d'œuvre n'eussent pas été détruits par des causes inhérentes non pas à l'action du temps, mais à l'état de barbarie des hommes de cette époque, puisqu'après plus de deux mille ans nous pouvons admirer encore les précieux débris de la peinture grecque.

En attendant une solution si désirable, nous allons exposer la question au point où elle en est encore aujourd'hui.

On entend par *subjectile* le corps quelconque à la surface duquel on dépose la couleur.

Un bon subjectile doit être formé d'une substance inaltérable par le temps et les agents atmosphériques, stable dans sa forme primitive, mais assez poreuse et assez tenace pour permettre à la couleur ou à la préparation de la pénétrer en partie et d'y prendre une solide attache.

Cependant une foule de corps, sans posséder toutes ces propriétés, ont servi jusqu'ici et serviront encore de subjectiles à l'ancienne peinture.

Tous peuvent, avec les mêmes chances, être employés dans la peinture au caoutchouc.

Tels sont la pierre, le mortier, le plâtre, le stuc, etc., pour la peinture monumentale; le marbre, l'albâtre, l'ivoire, le verre, la porcelaine, les métaux, le bois, la soie, les toiles de chanvre, de lin, etc., pour la peinture au chevalet.

Ils doivent préalablement être appropriés à l'usage auquel on les destine par des opérations préliminaires et particulières à chacun d'eux. Ainsi la pierre, le marbre, l'ivoire, les métaux doivent recevoir par la taille, le frottement, la pression, la percussion, le laminage ou d'autres opérations mécaniques une surface plane, plutôt grenue que polie.

Le bois doit être assemblé en panneaux composés de planchettes minces, réunies par différents systèmes d'ajustage.

La toile, la soie doivent être tendues sur des châssis ou autres moyens semblables, etc.

Après cette première opération toute mécanique, il est quelques-unes de ces substances qui, à la rigueur, sans autre apprêt, peuvent servir de subjectiles sans qu'il se manifeste d'embus, c'est-à-dire, de parties où la couleur séparée du délayant par l'appel de la capillarité présente une surface terne et mate.

Sur les autres, comme le bois, la toile, le plâtre, etc., il n'en est pas de même, et l'on doit procéder à une seconde préparation : *l'apprêt.*

L'apprêt peut être ou absorbant ou non absorbant.

A l'usage de la peinture monumentale, le plâtre, le stuc sont des apprêts absorbants; la cire, la colle, le caoutchouc sont des apprêts non absorbants.

La cire, qui est généralement employée, s'applique sur le mortier, le plâtre, la pierre, etc., soit seule et par fusion, soit dissoute dans l'essence de térébenthine et fondue après coup à l'aide du réchaud des doreurs, afin d'en opérer l'absorption.

A l'usage de la peinture au chevalet, une foule de compositions absorbantes et non absorbantes ont été mises en usage, et de tous les subjectiles énumérés plus haut, la toile, comme étant le plus généralement employée, est aussi celui de tous pour lequel on en a imaginé le plus.

C'est aussi celui qui pour le moment réclame le plus d'attention et d'intérêt, et dont nous allons le plus particulièrement nous occuper.

Quant à sa nature, la toile doit être écrue et d'une bonne qualité de chanvre ou de lin, son tissu doit être uni et à mailles plus ou moins lâches, plus ou moins serrées, depuis le canevas jusqu'à la toile fine.

Le coton forme de mauvais subjectiles, car, outre sa tenacité plus faible que celle du fil, il subit avec le temps et sans doute à la suite d'une absorption lente d'oxigène, une sorte de putréfaction sèche, qui a pour effet de le rendre friable et de faire tomber en lambeaux les tissus qui en sont formés.

La toile étant choisie, on procède à son apprêt. On la rend ordinairement non absorbante en y déposant immédiatement, ou seulement après un encollage préalable, quelques couches minces de blancs de plomb, de zinc, broyés à l'huile de lin ou d'œillette.

Sur cette préparation, l'ébauche avec nos couleurs n'a jamais de ces embus qui incommodent et fatiguent l'artiste : avantage précieux, sans doute, mais que l'on ne doit pas acheter au prix des graves inconvénients auxquels sont sujets les apprêts aux huiles.

En effet, les huiles poursuivent les phases de la concrétion même qui les rend siccatives, se colorent de plus en plus, se durcissent, se contractent et se gercent jusqu'à ce que, dans un terme assez peu lointain, elles se trouvent transformées en une matière brune, solide d'abord, puis pulvérulente et incapable dès lors de servir aucunement à retenir sur la toile la couleur de l'enduit.

Mais, si ce résultat final et inévitable arrive avec lenteur, la coloration qui le précède se manifeste aussitôt et compromet d'autant plus, par un obscurcissement du fond, l'harmonie et la fraîcheur de l'œuvre, que nos couleurs sont plus transparentes et plus pures.

Cette préparation exige donc une réforme et le sujet mérite toute l'attention des gens de l'art.

Enfin on parviendra, nous l'espérons, à un parfait résultat, en donnant à la toile (simple ou double, enduite de caoutchouc comme les tissus imperméables, et après l'encollage) une couche ou deux de notre peinture au caoutchouc mate, ou bien deux ou trois couches de couleurs broyées à la cire, liées au tissu par l'action du feu et en couvrant l'un et l'autre de ces enduits préparatoires par une dernière couche de couleurs à l'huile d'olive délayée dans le siccatif-caoutchouc, dans le ton et la couleur qu'il conviendra. Le temps nous ayant jusqu'ici fait défaut, nous n'avons pu encore en faire nous-même que des essais fort incomplets.

Quant aux préparations absorbantes, les meilleures sont au blanc de Moudon, de zinc, de plomb, à la terre de pipe, au plâtre éteint, aux sulfates de plomb et de baryte, liés au moyen de la colle animale (gélatine, colle de peaux, d'os, de poisson, etc.). Elles se laissent plus ou moins pénétrer par les délayants, selon que la colle y prédomine moins ou plus.

Elles doivent être appliquées en couches assez minces pour laisser percer le grain de la toile et lui conserver une utile flexibilité. Leur encollage doit être assez léger pour qu'après l'application d'une seule couche de peinture d'apprêt complémentaire à l'huile d'olive et au caoutchouc, il ne se manifeste plus d'embus.

A défaut de cette dernière opération, à côté de l'inconvénient de l'embu, il en est un autre que présentent exclusivement les détrempes au plâtre, à la craie, au sulfate de baryte et à la terre de pipe, et qui consiste en ce qu'après l'absorption du délayant des couleurs, le fond, de blanc qu'il était, devient d'un gris sale qui, sans nuire cependant à l'harmonie générale, assourdit tous les tons et diminue l'éclat des couleurs. On y pare 1° en employant les blancs de plomb et de zinc : deux ou trois couches de ces substances, délayées dans une dissolution de gélatine blanche sur une toile ou un panneau d'abord bien encollés, donnent un fond sur lequel nous avons toujours bien réussi, et dont l'absorption du délayant change peu la valeur (on peut, sans scrupule, employer ici le blanc de plomb qui, recouvert d'une épaisse couche de peinture, est mis ainsi hors de la portée des émanations sulfurées) ; 2° en donnant à la toile, ainsi que nous l'avons dit, une dernière couche de couleur plus pure, à l'huile d'olive et au siccatif-caoutchouc, qui la rend en même temps non absorbante.

On concevra, d'après ce qui précède, que, sur une des préparations non absorbantes que nous avons énumérées, ou sur une bonne préparation absorbante complétée comme nous venons de le dire, l'artiste possède la faculté de peindre au premier coup, sans craindre l'embu. Que, sur une préparation absorbante, recouverte d'une ébauche bien empâtée, il n'observera plus de parties embues à la reprise, et que si, dans tous les cas, par un vice dans la préparation, il s'en manifestait, le remède bien simple serait de les couvrir après dessiccation d'une couche de siccatif pur. Enfin, pour assurer à la fois la conservation du subjectile et celle de la peinture, on fera bien d'appliquer sur le dos de la toile et sur la face une dissolution de caoutchouc, soit une couche de l'un de nos siccatifs; mais la première de ces opérations doit être faite avant de tendre la toile sur le châssis, et la seconde après la dessiccation parfaite de la peinture.

Tels sont les principaux subjectiles et telles sont leurs préparations. En dehors de ceux-ci l'occasion, le goût ou la fantaisie peuvent en suggérer mille autres; ainsi, quand la décoration, soit du chœur ou de l'autel d'une église, soit d'une demeure somptueuse, comportera un effet brillant, magique, un apprêt miroitant pourra devenir d'un heureux secours. Que l'on peigne, par exemple, sur un fond bien doré; les couleurs à l'huile d'olive sont translucides, elles le deviennent davantage par l'addition du siccatif-caoutchouc; l'or recouvert par ces couleurs leur communique son éclat, et les rayons lumineux, en se reflétant au travers de la pâte colorante, y prendront les tons châtoyants mais très-adoucis du rubis, de l'opale, du saphir ou de l'émeraude. Ce sera en quelque sorte une mosaïque composée de pierres fines et offrant aux yeux ce que les mille et une nuits offrent à l'imagination. C'est là de l'ornementation, si l'on veut, mais riche et splendide, et l'ornementation n'exclut pas le talent[1].

En exécutant au premier coup à l'huile d'olive et au caoutchouc, et sans jamais revenir, sur un encollage de cinq ou six couches de blanc délayé dans une dissolution gélatineuse bien souple, ou sur un mur sec, convenablement paré de plâtre ou de stuc, on jouirait sans doute de la faculté de peindre sans avoir de parties luisantes, à cause de la grande épaisseur de ces apprêts très-absorbants. Dans cette sorte de travail on se trouverait dans la nécessité de préparer d'avance, pour toute la durée du travail, des teintes assez justes pour que plus tard on n'aie plus qu'à les mélanger au siccatif, sans y rien modifier, et la peinture à l'huile d'olive et au caoutchouc se prête surtout merveilleusement à la préparation et à la conservation de tous ces mélanges.

Toutefois, le même effet. joint à plus de solidité et d'adhérence matérielles, s'obtiendrait à moins de frais, à l'aide du procédé de peinture au caoutchouc que nous avons indiqué pour remplacer la fresque.

Le plan de ce manuel ne comportant pas une description plus détaillée des moyens pratiques et des précautions à employer dans les diverses préparations que nécessitent les subjectiles, nous renvoyons pour plus de

[1] Un portrait peint sur un fond doré prend une animation, une vie et une transparence extraordinaires.

détails sur ces matières aux ouvrages plus circonstanciés qui en traitent[1], puisque, à part ce que nous venons de dire, rien de ce qui leur est relatif n'est changé par la nouvelle méthode.

L'art des préparations à la détrempe est long à acquérir et délicat dans son travail, aussi bien n'est-ce qu'après une longue expérience et avec les enseignements mêmes des auteurs les plus compétents, qu'on devra espérer de bons et de constants résultats. Que ceux qui n'ont ni le temps, ni l'aptitude nécessaires abandonnent donc la tâche à l'industriel qui en fait sa spécialité et qu'ils se contentent de tirer parti de son habileté acquise, en la dirigeant selon leurs besoins.

Après cet exposé rapide d'un système nouveau de peinture au caoutchouc, nous terminerons en demandant aux artistes du jour la faveur de leurs conseils et de leurs lumières. Notre guide et notre seul soutien ayant été jusqu'ici l'espoir de ramener l'art dans une voie meilleure, nous nous ferions fort, avec leur concours, de pousser la nouvelle méthode à un point de perfection qui satisferait toutes les exigences; mais un amer regret nous reste :

En faisant paraître cette courte description de tant

[1] Bouvier, *Manuel des jeunes artistes et amateurs en peinture*. Paris, 1832. — Mérimée, *De la peinture à l'huile*. Paris, 1830. — De Montabert, *Traité complet de la peinture*. Paris, 1829; etc.

d'années de travaux, ce n'est pas sans nous apercevoir de ses imperfections et de son insuffisance, que nous nous sommes décidé à l'offrir au public.

Une impatience bien naturelle. la confiance que nous avions en nous-même, et, s'il faut le dire, l'âge nous y poussant, nous lui avons livré une œuvre mal décrite qu'il confondra peut-être avec tant de publications mensongères et hasardées qui l'ont blasé sur toutes les promesses à venir.

Mais s'il en est autrement, et que son attention, en se fixant sur la réforme que nous proposons, vienne réaliser notre espoir, nous n'aurons plus à déplorer que le jeune artiste qui, doué de facultés heureuses, après avoir passé sa vie à les développer par des études consciencieuses, est arrivé enfin à produire une œuvre remarquable, la voie périr avec lui et ne passer à la postérité qu'appuyée sur de fragiles estampes souvent imparfaites, et des jugements contemporains toujours contradictoires, sans avoir là pour plaider sa cause une preuve palpable, vivante, de son habileté et de son talent !.... Dans moins d'un siècle peut-être que restera-t-il de Raphaël, du Titien, du Corrège, du Dominiquin et, en un mot, de toutes les gloires des écoles italiennes ? quelques rares mosaïques et les reproductions du burin, les unes et les autres bornées surtout à rendre les regrets plus amers ; car, plus l'imitation est fidèle, plus le désir de voir le modèle est ardent.... Mais de la main de ces maîtres que restera-t-il ?.... rien ; tandis que les noces

Aldobrandines, cette peinture antique, après avoir traversé vingt siècles, fait encore l'admiration des connaisseurs.

Tel est le mal que l'emploi des huiles siccatives introduisit dans la peinture moderne. Certes il n'a pu passer inaperçu, et, en supposant même que sa cause fût encore un mystère, les artistes ont eu le tort grave de recourir à de vains palliatifs plutôt que de reprendre soit la peinture à la cire, soit la peinture à l'œuf, lorsque ces procédés n'étaient point encore tombés dans l'oubli.

Aujourd'hui que nous apprécions toute la portée de cette irréparable faute, serons-nous plus coupables en y persévérant?....

APPENDICE.

En publiant ce petit manuel, notre intention était primitivement de n'indiquer que des données générales sur les préparations nécessaires à l'exécution de nos procédés, pour qu'on pût être assuré simplement de leur mérite intrinsèque, et d'en confier la fabrication exclusive à des mains intelligentes, afin d'éviter de livrer tout d'abord à la spéculation une série de manipulations difficiles, dont la réussite ou l'insuccès ne sont immédiatement appréciables qu'à des yeux expérimentés et de compromettre en un instant le fruit d'un long travail qu'en pareille occurrence un seul échec suffit à perdre sans retour.

Mais au milieu des agitations politiques où nous vivons, l'industrie est timide; elle recule devant un résultat rendu d'ailleurs problématique par l'indifférence de la plupart des artistes qui ont reçu nos premières communications, lesquels, sans combattre notre découverte ni en nier la valeur, n'en feront usage, disent-ils, qu'après qu'elle aura été sanctionnée par le temps; oubliant que si nul ne consent, dans l'intérêt de l'art, à consacrer quelques instants à produire les termes de comparaison nécessaires pour arriver à un jugement rationnel et définitif, on n'obtiendra jamais la sanction attendue.

Réduit fatalement ainsi à notre propre faiblesse, nous avons pris à regret la détermination de clore cette publication par l'exposé succint de nos procédés et d'abandonner aux chances que nous redoutions le sort d'une œuvre dont nous serons néanmoins recompensé, si tôt ou tard il en résulte dans le matériel de la peinture une réforme, dont il est imposible aujourd'hui de nier la nécessité et l'importance.

L'exécution de nos préparations ne demande ni science ni talent; mais elle exige beaucoup d'attention et des soins incessants, et nous croirions manquer de prudence en gardant le silence sur le danger permanent auquel on est exposé en soumettant à l'action du feu, pendant plusieurs heures, des huiles essentielles qu'une étincelle suffit pour enflammer, quand on ne sait pas se prémunir contre les graves accidents qui peuvent en résulter.

Le maniement de l'ammoniaque liquide, dont il faut éviter de respirer le gaz délétère, demande des précautions d'une autre nature.

A défaut de l'aptitude nécessaire, nous conseillons donc aux artistes et aux amateurs qui voudront expérimenter notre méthode, de confier la fabrication des diverses compositions que nous allons décrire à un fabricant de produits chimiques ou de vernis fins; ou, en cas d'empêchement, de faire leur apprentissage en opérant d'abord sur de très-faibles quantités.

Nous terminerons cet avertissement en résumant explicitement ce que nous avons dit de l'opération importante et délicate du broyage des couleurs à l'oléine d'huile d'olive, sur laquelle nous n'aurons pas l'occasion de revenir : *avec trop d'huile les couleurs couvrent mal et sèchent trop lentement; l'excès contraire produit le mat imparfait, et en les employant avant qu'elles ne soient devenues visqueuses, elles n'adhèrent pas convenablement à la préparation;* l'une ou l'autre de ces imperfections amènerait infailliblement un insuccès[1].

DU SICCATIF-CAOUTCHOUC.

On ramollit dans de l'eau bouillante du caoutchouc en tablettes préparé pour l'effaçage des traces de la mine de plomb.

On le coupe avec des ciseaux pendant qu'il est chaud, en petits cubes de 50 millimètres environ.

On dépose simultanément dans une boîte cylindrique

[1] Tous les marchands de couleurs, en suivant ponctuellement nos indications, peuvent préparer convenablement les couleurs à l'oléine d'huile d'olive.

en fer-blanc du diamètre de 10 et haute de 13 centimètres :

100 grammes caoutchouc ainsi divisé;
700 — huile de houille incolore[1];
160 — ammoniaque liquide à 22°.

Afin de couper toute retraite au gaz ammoniaque, on remplit complétement la boîte et on la ferme aussitôt avec son couvercle qu'on lute au moyen d'une bande de toile agglutinative ou enduite de caoutchouc en tablettes dissous simplement dans 7 ou 8 parties d'essence de térébenthine, enroulée plusieurs fois sur elle-même.

Sans perdre de temps, on l'agite violemment en tous sens jusqu'au moment où l'on juge par le tact que toutes les parties ne forment plus qu'une masse homogène.

On abandonne ensuite cette préparation à elle-même pendant quinze jours.

Ce délai expiré, on dépose la préparation dans une capsule de porcelaine qu'on place immédiatement dans un bain-marie dont l'eau doit être constamment tenue en ébullition, dans le but : 1° de liquéfier convenablement le caoutchouc; 2° de le dégager par l'évaporation de toutes les matières étrangères qu'on y a introduites : l'eau, le gaz ammoniaque et l'huile de houille. Cette opération demande plusieurs heures.

[1] L'huile de houille incolore et inodore est fabriquée par Mme veuve Jobé et Lemire, rue des Quatre-Fils, 13, à Paris; on peut l'obtenir directement, mais plus sûrement par l'intermédiaire des marchands-droguistes.

A un instant que nous ne saurions préciser, le caoutchouc s'affaisse et passe à une liquidité remarquable : c'est l'indice du succès, le copal dur de Calcutta, nécessaire au siccatif, n'y devenant miscible qu'après l'accomplissement de ce phénomène.

Lorsque par l'odorat on reconnaît que les dernières traces de l'huile de houille ont disparu, on retire la capsule du bain-marie ;

On mélange le caoutchouc refroidi avec le double de son poids d'essence d'aspic rectifiée[1] ;

[1] Il est indispensable que les essences de térébenthine et d'aspic, dont nous aurons maintes occasions de prescrire l'usage, soient rectifiées par l'intermédiaire de l'eau ; c'est-à-dire que l'essence distillée dans une cornue distincte passe avant d'arriver au réfrigérant dans de l'eau soumise en même temps à la distillation dans une autre cornue.

C'est à tort qu'on attribue aux résines le jaunissement des vernis du commerce. Les résines en nature, quelque vieilles qu'elles soient, n'éprouvent pas la même altération ; la cause de ce jaunissement provient donc de l'impureté du dissolvant. Les essences de térébenthine et d'aspic, en effet, renferment avant leur rectification une matière empyreumatique brune qui reste mélangée aux résines et va toujours s'obscurcissant davantage sous l'influence de l'air ; mais rectifiées, comme nous venons de l'indiquer, elles sont entièrement volatiles et abandonnent les résines qui retournent à leur état primitif pures de tout mélange.

Les essences de térébenthine et d'aspic, préparées comme nous l'entendons, se trouvent à Paris, chez M. Durozier, pharmacien, rue des Francs-Bourgeois-Saint-Michel, 18 ; et à Strasbourg, chez MM. Wœrhlin et Kessler, fabricants de produits chimiques, rue de la Nuée-Bleue, 8.

On filtre au papier dans des entonnoirs munis de couvercles, en corrigeant la lenteur de cette opération par la multiplication des filtres et en ne déposant dans chacun qu'environ 100 grammes de la dissolution.

Le filtrage terminé, après avoir lavé à plusieurs reprises avec de l'eau de rivière filtrée et décanté la dissolution, on détermine par les moyens connus les quantités respectives de caoutchouc et d'essence d'aspic qu'elle renferme; ordinairement le rapport entre ces deux substances demeure le même : d'un côté, le résidu restant dans le filtre; de l'autre, l'évaporation de l'essence formant compensation. S'il en était autrement, on ramènerait la mixtion par l'évaporation ou par une addition d'essence aux proportions primitives (1 partie caoutchouc et 2 parties aspic).

Dans l'ordre suivant, à

18 parties de cette dissolution de caoutchouc on mêle
4 à 6 — dammara (faux copal) choisi, en nature et en poudre;

Après la dissolution de la résine, on ajoute :

4 à 8 parties d'une dissolution de copal dur préparé[1] dans trois fois son poids d'essence d'aspic;

on laisse déposer et on décante.

[1]Le copal dur de Calcutta ne se dissout dans les essences, à la chaleur du bain de sable, qu'après avoir été divisé en morceaux gros comme des pois et fondu à feu nu dans un ballon, puis versé, étant en fusion, par petites portions sur un corps froid et poli, tel qu'une capsule de porcelaine, et pilé.

On trouve cette dissolution, en en prescrivant impérativement le

En adoptant dans le dosage les plus fortes quantités indiquées de dammara et de copal, le siccatif-caoutchouc, établi dans ses proportions normales, a une grande puissance dessiccative et convient aux artistes opérant avec promptitude et sans hésitation.

En choisissant les chiffres intermédiaires et en passant graduellement aux plus faibles, la dessiccation devient de plus en plus lente; elle peut être assez ralentie pour permettre à l'artiste de peindre une journée entière dans la pâte, sans éprouver la moindre difficulté; mais dans cette disposition la dilution du siccatif est trop abondante, elle s'écarte du rapport de 7 à 8 qui doit être constant entre la somme des substances solides et celle du dissolvant (en tenant compte de l'essence d'aspic contenue dans la dissolution de caoutchouc); il faut donc la ramener par l'évaporation dans les limites prescrites, en dehors desquelles la peinture sèche mal, perd son brillant ou est difficile à manier.

On peut éviter cette difficulté en introduisant dans le mélange le copal dur préparé en nature et faire digérer au bain de sable; mais on en rencontre une autre dans la lenteur de la dissolution du copal dans une aussi faible quantité d'essence déjà saturée de résines. Si ce dernier moyen semblait préférable, voici, approchant, la formule à suivre :

dosage, à Paris, chez M. Durozier, pharmacien, rue des Francs-Bourgeois-Saint-Michel, 18; et à Strasbourg, chez MM. Wœrhlin et Kessler, fabricants de produits chimiques, rue de la Nuée-Bleue, 8.

18 parties de dissolution de caoutchouc,
4 à 6 — dammara choisi et en poudre,
1 à 2 — copal dur préparé et pilé, et
0 à 4 — essence d'aspic rectifiée.

On ralentit ou on augmente encore la dessiccation du siccatif-caoutchouc en diminuant ou en augmentant uniquement la dose du copal dur, sans jamais cependant l'éliminer entièrement, attendu que cette résine, la meilleure que nous possédions, par son éclat et sa transparence, permet par sa dureté de repeindre une ébauche sans courir le risque de délayer les dessous[1]; le premier moyen est incontestablement préférable.

Ce dosage n'est pas, d'ailleurs, déterminé d'une manière absolue. On peut en distraire une certaine portion de dammara et la remplacer par une même quantité de mastic qui, avec plus de liant, a la même réaction sur l'huile d'olive; mais cette dernière résine a plus de corps que le dammara, qu'on aurait tort de dédaigner à cause de son bas prix, puisque Berzélius conseille aux peintres d'en faire la base d'un vernis à retoucher *qui ne fait jamais tache;* le seul reproche qu'on puisse lui faire, c'est d'être friable; mais comme nous ne l'employons que mélangé avec le caoutchouc, le copal dur et l'huile d'olive qui ne passe jamais

[1] Nous saisissons cette occasion pour répéter qu'il est beaucoup plus avantageux de peindre *au premier coup* sur une préparation non absorbante, comme celles dont on fait habituellement usage, puisqu'on a toute la facilité et tout le temps nécessaire pour obtenir des tons d'une finesse et d'une franchise remarquables.

à l'état concret, ce défaut disparaît nécessairement.

Rien ne s'oppose non plus à l'introduction dans le siccatif-caoutchouc d'une faible quantité d'*élémi tendre ;* toutefois ces modifications ne sont permises qu'à la condition expresse de maintenir le rapport indiqué entre la somme de résines et celle des essences.

Enfin, en éliminant entièrement le caoutchouc et en y substituant la même quantité d'*élémi tendre* pur[1], on obtient un siccatif nouveau, lequel, sans avoir précisément les mêmes qualités que le précédent, fait, comme lui, sécher les couleurs broyées avec l'oléine d'huile d'olive, et permet de rejeter l'emploi des huiles siccatives si préjudiciables à la peinture. D'une exécution facile, il deviendra, nous n'en doutons pas, d'un usage immédiat et fréquent pour les travaux d'une importance secondaire et pour les études.

Pour plus de clarté, voici la formule de ce siccatif sans caoutchouc :

3 parties élémi tendre,
3 — dammara en poudre,
1 — copal dur en nature, préparé[2] et en poudre, et
8 — essence d'aspic rectifiée (v. la note page 73).

[1] L'élémi tendre de Ceylan est le seul qu'on puisse employer en peinture avec sécurité. L'élémi commun d'Amérique, d'un prix inférieur et qu'on trouve dans tous les magasins, ne peut aucunement entrer dans nos compositions; il jaunit, devient friable comme le galipot dont il a toutes les mauvaises qualités.

[2] Tous les fabricants de produits chimiques et de vernis peuvent fournir du copal dur, préparé comme nous l'avons indiqué en note, p. 74.

On fait dissoudre sur un bain de sable, on laisse déposer et on décante; ou ce qui revient à peu près au même :

3 parties élémi tendre,
3 — dammara en poudre,
7 — essence d'aspic rectifiée.

Après la dissolution des résines, on ajoute :

3 à 4 parties dissolution de copal dur préparé, dans trois fois son poids d'essence d'aspic.

Pour augmenter ou ralentir la dessiccation, on augmente ou l'on diminue la dose du copal, mais sans jamais le retrancher complétement.

Ces deux siccatifs sont destinés, l'un et l'autre, à la peinture brillante; ils servent :

1° *A l'application des couleurs broyées à l'oléine d'huile d'olive* (p. 13 et suiv.).

2° *A l'application des couleurs broyées à l'huile volatile de cire* (p. 35 à 37).

3° *A remplacer, dans la peinture ordinaire, l'huile lithargirée, dite huile grasse, et l'huile décolorée* (p. 53 à 55).

4° *A la peinture, imitant l'acquarelle, sur papier préalablement encollé au moyen d'une légère solution dans l'eau tiède, de gélatine incolore* (p. 11).

DU GLUTEN DES COULEURS POUR LA PEINTURE MATE.

On ramollit dans de l'eau bouillante du caoutchouc *tendre*[1] ;

On le divise en cubes de 50 millimètres environ ;

On le dépose en cet état dans un vase en fer de fonte en y ajoutant un verre d'eau ; et

On place le vase muni de son couvercle sur un feu de charbon.

L'eau, en se transformant en vapeurs, pénètre le caoutchouc et le prédispose à recevoir l'action du feu, sans se colorer outre mesure.

Après une demi-heure, on découvre le vase ; l'eau s'évapore et la fusion commence.

Pendant la fusion on agite sans cesse la masse avec une spatule de bois, afin qu'aucun des morceaux de caoutchouc ne s'attache aux parois du vase.

Quand la plus grande partie du caoutchouc est fondue, on enlève avec un écumoir les morceaux qui ont résisté, dans le but d'éviter l'excès de coloration que

[1] Le caoutchouc *tendre*, d'une valeur minime, est livré en feuilles d'un mètre environ, d'une épaisseur variable de 50 à 100 millimètres ; il est peu coloré. Celui que nous avons expérimenté provenait du magasin de M. Alexandre Aubert, droguiste, rue Sainte-Croix-de-la-Bretonnerie, 28, à Paris.

Le caoutchouc en poires remplirait probablement le même office ; nous ne l'avons pas essayé.

l'action trop prolongée du feu produirait infailliblement.

On retire du feu, en remuant toujours avec la spatule, jusqu'au moment où le liquide est refroidi.

A 1 partie caoutchouc fondu on ajoute
5 à 6 — essence d'aspic rectifiée;

et on filtre au papier après avoir lavé plusieurs fois avec de l'eau de rivière et décanté.

Si l'opération a été bien conduite et rapide, la dissolution est peu colorée; dans le cas contraire on la décolore en y mêlant un septième de son poids d'oxyde de zinc nouvellement préparé, obtenu par précipitation, et en agitant vivement la masse, afin que cet oxyde agisse sur toutes les parties[1].

Cette dissolution devient *le gluten pour broyer les couleurs destinées à la peinture mate* et au besoin *le siccatif de celles broyées à l'huile de cire*[2] (voy. p. 38 à 43).

[1] Dans tous les cas et à tous les instants, même après l'introduction des résines, on peut toujours décolorer le caoutchouc par l'oxyde de zinc, si toutefois la coloration n'est pas due à l'action trop vive du feu ou à celle trop prolongée de l'ammoniaque liquide.

[2] En substituant au gluten huileux des couleurs un gluten complétement volatil et lent à s'évaporer, nous croirions avoir rendu à l'art de la peinture un service de quelque valeur, si l'essence de cire, à laquelle nous avons assigné ce rôle, n'était pas d'un prix trop élevé.

Ce premier pas dans une voie nouvelle ne nous conduira au but que nous voulons atteindre que lorsque la science, nous prêtant son concours, nous aura donné une essence moins chère ayant exacte

Ce même caoutchouc fondu pur peut aussi devenir la base du siccatif-caoutchouc. Il suffit de le mélanger, à parties égales, avec de l'huile de houille incolore; d'ajouter à la masse le cinquième de son poids d'am-

ment les mêmes propriétés. Déjà nous avons eu l'occasion d'apprécier une huile essentielle d'asphalte des mines de Lobsann (Bas-Rhin), peu colorée, d'un prix modique, mais malheureusement d'une odeur très-pénétrante. Abstraction faite de ce grave défaut, elle remplissait toutes les conditions voulues : d'une évaporation lente et complète, *elle dissolvait le copal dur préparé,* ainsi que les autres résines, et remplissait avantageusement la mission confiée à l'huile volatile de cire, comme gluten propre à broyer les couleurs et comme excipient d'un siccatif sans caoutchouc, analogue à celui dont nous avons donné la formule. Mais par une étrange singularité ce siccatif, employé avec les couleurs broyées à l'oléine d'huile d'olive, donnait à la peinture, d'ailleurs d'une très-grande solidité, une surface d'un mat uniforme et sans froideur qu'on pouvait faire disparaître par l'application d'une couche de notre vernis. Nous signalons cette circonstance aux artistes chargés de l'exécution de peintures monumentales; placés dans d'autres conditions, quant à l'espace, ils n'auraient pas à souffrir des émanations déplaisantes de cette huile d'asphalte et tireraient un heureux parti de cette disposition nouvelle.

Ce fait, en prouvant que nous ne demandons pas une chose impossible, nous fait espérer que le problème sera bientôt résolu de manière à transformer le principe vicieux du matériel actuel en un principe plus rationnel, plus commode et plus riche dans ses conséquences, puisqu'il permettra de varier les moyens d'application des couleurs sans changer de *gluten*.

En attendant on peut se procurer de l'huile volatile de cire chez M. Durozier, pharmacien, rue des Francs-Bourgeois-Saint-Michel, 18, à Paris.

moniaque liquide, et après une dizaine de jours de repos dans un flacon bouché hermétiquement, de le soumettre au bain-marie, comme nous l'avons dit précédemment.

DE L'ENDUIT CONSERVATEUR A APPOSER AU REVERS DES TOILES ET DES PANNEAUX (p. 62 à 64).

Cet enduit est une simple dissolution de caoutchouc en tablettes dans 8 parties d'essence de térébenthine rectifiée, ou préférablement d'huile de houille qui, après son départ provoqué par un jet de vapeurs d'eau, laisserait au caoutchouc sa précieuse élasticité.

On l'étend, s'il est nécessaire, de même essence, puis on l'applique avec une brosse plate et ferme sur le revers des panneaux, ainsi que sur celui des toiles avant de les fixer sur leurs châssis.

Cette précaution est d'une utilité incontestable pour garantir les *subjectiles* des influences atmosphériques, particulièrement les toiles préparées à la détrempe.

Le même enduit sert aussi à doubler les toiles destinées à recevoir la peinture.

DU VERNIS INCOLORE AU CAOUTCHOUC (p. 53 et suiv.).

Ce vernis est une dissolution analogue à celle qui sert de *gluten* aux couleurs destinées à la peinture mate, avec cette différence, que pour l'obtenir incolore, il faut employer du caoutchouc ramolli, écrasé à outrance sous les puissantes presses hydrauliques en usage dans les établissements où l'on exploite cette substance sur une grande échelle[1].

On fond ce caoutchouc, préalablement divisé, dans une capsule de porcelaine chauffée sur une partie de son flanc où l'on amène successivement avec une baguette de fer chacun des morceaux de caoutchouc, en ne l'y laissant que le temps nécessaire à la fonte, puis en le faisant passer sur le côté opposé au feu.

On dépose dans un ballon ou dans une bouteille cylindrique en verre blanc à fond mince et à étroite ouverture :

4 parties caoutchouc fondu,
24 — essence de térébenthine rectifiée, et
4 — oxyde de zinc récemment préparé, obtenu par précipitation.

On place la mixtion, en prenant les précautions d'usage, pendant trente-six heures, non consécutives, dans un bain-marie chargé de chlorure de calcium.

[1] Le caoutchouc ainsi préparé serait incontestablement très-utile dans la plupart de nos préparations, si l'on pouvait facilement s'en procurer. La répugnance qu'ont les fabricants à sortir de leurs habitudes et à donner un produit qu'ils considèrent comme de la marchandise gâtée est un obstacle difficile, mais non impossible à surmonter.

Pour être bien compris, nous ajouterons qu'en mâchant violemment pendant plusieurs heures un morceau de caoutchouc en tablettes, on l'amènera à l'état que nous voulons décrire.

Si après plusieurs jours de repos la dissolution ne devient pas d'elle-même limpide et nette, il faut recourir au filtrage[1], qui n'est quelquefois possible qu'en augmentant la quantité d'essence d'aspic, que plus tard on fait disparaître par l'évaporation pour revenir au dosage prescrit.

On y ajoute ensuite :

2 parties dammara choisi et pulvérisé, et
1 — au plus élémi tendre.

On laisse déposer et on décante.

Dans cette préparation le copal dur, préalablement dissous, reste en suspension ; si, pour obtenir un vernis plus résistant, on désirait l'y introduire, il deviendrait indispensable de parfaire la liquéfaction du caoutchouc à feu nu ou par l'emploi de l'ammoniaque liquide ; mais il jaunirait un peu et perdrait la qualité la plus recherchée dans un vernis : l'absence de toute coloration.

De ce qui précède on doit conclure.

Premièrement : *que le caoutchouc ne doit pas être complétement liquéfié pour servir à la peinture mate.*

Secondement : *qu'il faut pousser la liquéfaction de cette substance jusqu'à ses dernières limites pour obtenir le siccatif de la peinture brillante.*

[1] Nous regrettons de ne pouvoir indiquer le moyen certain d'obtenir constamment une dissolution de caoutchouc limpide sans avoir recours à la lente opération du filtrage, notre persistance, mal secondée ayant échoué devant ce problème dont la solution sera due à un plus habile. Plusieurs fois nous avons vu l'effet sans pouvoir le reproduire.

Nous croyons qu'on remplirait ces deux conditions plus facilement en opérant sur de plus grandes quantités, en faisant préalablement dissoudre du caoutchouc, écrasé par la presse hydraulique ou préparé en tablettes, dans 30 à 40 fois son poids d'huile de houille incolore ou, à défaut, d'essence de térébenthine rectifiée et en recueillant par la distillation la presque totalité de l'essence, afin d'obtenir du caoutchouc pur déjà très-divisé.

Ce caoutchouc, étendu dans 5 à 6 fois son poids d'essence d'aspic rectifiée, donnerait, après la filtration, le *gluten de la peinture mate*.

Et en mêlant ce même caoutchouc pur à parties égales avec de l'huile de houille incolore et en ajoutant au mélange le cinquième de son poids d'ammoniaque liquide, puis, après une dizaine de jours de repos, en le soumettant à l'action du bain-marie, on pourrait composer le *siccatif-caoutchouc de la peinture brillante*, en suivant ponctuellement dans tous les cas les indications que nous avons données.

Mais nous n'indiquons ce moyen qu'à titre de renseignement et sous toutes réserves, n'ayant pas pu l'expérimenter nous-même.

Nous avons exposé notre méthode dans tous les détails et sans aucune réticence.

Nous avons indiqué, afin de faciliter la mise en

œuvre de nos formules, les sources où nous avons puisé les matières premières nécessaires à leur composition.

Chacun désormais pourra les exécuter, les simplifier et y apporter les perfectionnements qu'appelle toujours une invention à son début.

Pour propager nos idées nous avons adressé les premiers exemplaires de ce manuel à tous les protecteurs naturels des beaux-arts, dans l'espoir qu'ils ne demeureront pas indifférents à une réforme dont le but est de rendre inaltérables les œuvres des artistes célèbres et qu'ils stimuleront le zèle de ces derniers, afin qu'au moyen d'essais complets et consciencieux on puisse attendre la sanction du temps et juger nos assertions.

Nous avons donc usé de tous les moyens en notre pouvoir pour attirer l'attention sur une innovation que nous croyons bonne, et nous continuerons à remplir la tâche que nous nous sommes imposée en offrant à tous notre concours, en donnant tous les renseignements possibles, en résolvant tous les doutes et en comblant les lacunes involontaires qui pourraient exister dans cette imparfaite description où l'on ne doit trouver, en dehors du but que nous nous sommes proposé, qu'un acte de dévouement et d'abnégation.

TABLE DES MATIÈRES.

FIN.

ERRATA.

Pages	Lignes.		
5	10	Aux pratiques manuelles,	*lisez* : à la pratique manuelle.
9	2	Ou son oléine et l'huile d'amandes,	*supprimez* : et l'huile d'amandes.
11	4 et 5	Les huiles d'olives ou d'amandes,	*supprimez* : ou d'amandes.
21	26	Lithargisées,	*lisez* : lithargirées.
26	22	De l'ombre,	*lisez* : ; l'imitation de l'ombre.
32	1re	L'huile d'olive ou d'amandes,	*supprimez* : ou d'amandes.
32		Mettre le 4e alinéa immédiatement après le 1er.	
36	18	*De fine essence*,	*lisez : de fixe essence.*
37	15 et 16	Aux huiles d'olive et d'amandes,	*lisez* : à l'huile d'olive, *suppr.* : et d'amandes.
45	4	A l'huile d'olive ou d'amandes,	*supprimez* : ou d'amandes.

www.ingramcontent.com/pod-product-compliance
Ingram Content Group UK Ltd.
Pitfield, Milton Keynes, MK11 3LW, UK
UKHW020933180726
13838UKWH00002B/920

9 782329 435718